エレガント・シンプリシティ

Elegant Simplicity
The Art of Living Well

「簡素」に美しく生きる

Satish Kumar
サティシュ・クマール
辻 信一＝訳

NHK出版

エレガント・シンプリシティ

「簡素」に美しく生きる

Elegant Simplicity

The Art of Living Well

ELEGANT SIMPLICITY: The art of living well

First published New Society Publishers Ltd.,
Gabriola Island, British Columbia, Canada

目次

contents

住むときは、地面に近いところに
考えるときは、シンプルに
争いにおいては、公平、寛大であれ
統治するときは、支配しようとしないこと
働くときは、自分が楽しめるように
家庭にあっては、完全にそこに在れ

――老子

はじめに

さあ、シンプルに生きましょう

シンプルであることこそが究極の洗練である

——レオナルド・ダ・ヴィンチ（芸術家）

「シンプルに生きるという恵み、自由であることの恵み…」

一八四八年にジョゼフ・ブラケット長老がつくったシェーカー教徒の歌は、こんなふうに始まります。必要最小限のものだけで自給自足の生活を送ったシェーカー教徒は、「簡素に」美しく生きる、〈エレガント・シンプリシティ〉の最良の例でしょう。つまり、**シンプルさのなかにこそ美しさが宿る**、ということを彼らは身をもって示してくれます。彼らにとって、ミニマリズムは生きかたそのものなのです。私もその影響を受けた者のひとりです。

私自身の人生でも、〈シンプル・ライフ〉の種子は九歳のとき、出家してジャイナ教の僧侶になったときにまかれました。ジャイナ教の教えは、シェーカーの教えと似たところがあります。ジャイナ教の場合にも、持ちものを最小限に抑えることなしに、より高いスピリチュアリティはないとされています。あれやこれやの世俗的なモノにかまけていれば、それだけ、瞑想したり、聖典を学んだり、神聖な歌や祈りを唱えたりする時間も少なくなる。それが私の師の教えでした。

十八歳のとき、私はインド建国の父、マハトマ・ガンディーの書物に出会いました。シェーカーやジャイナがそうであるように、この人もまた、「シンプルな暮らし、高い意識」をモットーとしました。彼は自分で建てた簡素な小屋に住み、自分が身に着ける腰まきと肩かけのための糸を紡ぎました。インドの独立運動を率い、週刊新聞を編集するかたわら、彼は野菜を育て、料理をしました。こうすることで、身体的な必要を満たしながら、同時に社会的、政治的、そして知的な活動を続けることが可能だということを、身をもって示したのです。

同時に、〈シンプル〉とは、ガンディーにとって社会的な正義の表現でもありました。「シンプルに生きる。そうすれば、他の人びとも生きられる」、これこそが彼の理想でした。もっともっとと、モノを手に入れては消費するような生きかたは、必ず、弱い立場にある人びとや自然を犠牲にすることにつながります。消費者としての私たちは、いわゆる資源だけではなく、ほんとうは必要でもないものを追いかける時間とエネルギーをも浪費しているのです。そこでは、必要（need）より貪欲（greed）が上におかれています。優美（grace）より華美（glamor）に、対話（conversation）より搾取（exploitation）に高い価値が与えられている。ぜいたくな暮らしは無駄を、汚染を、貧しさを産むのです。

ジャイナ僧としての生活も、ガンディーのアシュラム（修行道場）での暮らしも、私にとっては〈シンプル・ライフ〉の学校でした。〈シンプル〉という理想は、こうして、私という人間の一部となりました。

一九六二年、二十六歳のとき、私は平和のための巡礼に発つことを決意しました。当時、核兵器を所有していた四つの国へ行って、そこに住む人びとや政治家たちと話したいと思ったのです。こころのなかで、私はこう思っていました。無差別大量破壊兵器をわざわざつくって、もつということほど、厄介で、愚かで、残酷なことがほかにあるだろうかと。だから私は、この複雑きわまりない兵器システムに対抗する手段として、もっともシンプルな方法で抗議の行動を起こすことにしました。四つの核所有国の首都まで歩いていくのです。

私はニューデリーにあるガンディーの墓を起点に、モスクワ、パリ、ロンドン、そしてワシントンD.C.まで、友人のE・P・メノンとともに歩き通しました。一万三千キロメートルの巡礼でした。ことをよりシンプルにするために、ポケットに一銭も持たないことにしました。お金も食べものも持たず、徒歩で。およそ八百日間の旅でした。それは、私の人生において、もっともシンプルで最良の八百日となりました。またこの旅は、私の世界観をすっかり変えてしまったのです。

まず、想像力に満ちたこころ豊かな、よき人生を送るために、工場でつくられるようなモノの所有はほとんど不要だと確信するようになりました。私たちが生きているのは、太陽、土、水、そして、この善意に満ちた天地が与えてくれるすべての贈りもののおかげです。私たち人間が生きるのは、助けあい、支えあう人間性という贈りもののおかげです。私たちは手によって、足によって、働くことによって生きるのであって、スーパー・マーケットやデパートのおかげで生きているのではありません。

愛によって、寛大なこころによって生き、シンプルに生きることが、私たちを自由へと導きます。

シンプルに生きることは、怠けることや活動しないことではありません。じつは、私たちを怠惰に、不器用に、不活発にするのは消費者としての生活のほうです。それは機械化、工業化、そして大量生産に依存させられた結果です。〈エレガント・シンプリシティ〉という理想を支えているのは、美術や工芸、つくるという行為、そして、より少ないモノでよりよく生きる技術《アート》です。大切なのは、どれだけ所有しているかといった「量」ではなく、「質」です。哲学者エーリッヒ・フロムが言ったように、所有より存在、「持つこと（having）」より「あること（being）」です。

シンプルに生きるとき、人は〈つくる〉という行為そのものの価値を祝福し、その結果、成果、達成したコトやつくられたモノなどへの関心から離れています。美術や工芸によって、私の必要は満たされても、貪欲のとりこになることはありません。つくるという過程で、つくり手としての私は、よろこび、充実感、愉しさを経験します。

シンプルな暮らしは、それ自体が報酬です。また、それは巧みに生きることをも意味します。「頭（head）」と「手（hands）」を上手に使うだけでなく、愛やゆるし、そしてすべての生きものの一体性など、「こころ（heart）」の畑を耕し、肥沃にするのです。まさに古代中国の思想家、老子が言ったように、「簡素、忍耐、慈愛こそが、もっとも貴重な宝物」です。

シンプルな生きかたとは、持ちものを最小限に抑えるということにとどまりません。精神のシンプルさを育むことも大事なことです。こころのなかに背負い込んだ重荷を下ろすことに比べれば、溜めこんだモノを手放すほうが容易です。衣服や家具をはじめ、いろんな所有物で家が散らかっているのと同じように、私たちのこころや魂のなかも、うぬぼれ、わがまま、恐れ、怒りなどで雑然としてしまうのです。シェーカー教徒やジャイナ教徒やガンディーの教えは、単なるモノの所有の否定や、ダウンサイジングにとどまらない、もっとずっと深い意味をもっているのです。

私は本書で、〈シンプル〉という言葉の幅広さ、すべてを包みこむような大きさと深さを示したいと思います。〈エレガント・シンプリシティ〉という理想が、モノの次元とこころの次元の両方で何を意味するのか、探求したいと思うのです。暮らしのシンプルさだけでなく、存在そのもののシンプルさも欠かすことができません。「よい関係性」や「無限の愛」といったテーマについての章を設けたのも、それが理由です。ほんとうの愛に根ざした、率直で誠実な人間関係であれば、家族、友人、隣人たちのあいだにありがちな葛藤やいざこざは起こりません。もし、いがみあって嫌な思いをしたときにも、憎しみや仕返しの思いを重荷として背負い続けるよりは、ゆるし、忘れるほうがシンプルに決まっています。

　私たちの人生が複雑になるのは、「善／悪」「苦痛／快楽」「得る／失う」といった対立の二元論にとらわれるときです。いっぽう、いちばんシンプルなのは、平静なこころを育てること、そして、対立していたはずの二項が一緒に踊る、その踊りに加わることです。そうすれば、よろこびや快楽だけでなく、うつや失望の荒波のなかをも、航海しつづけることができるでしょう。

〈エレガント・シンプリシティ〉とは何か。それは、どういう暮らしかたをするかという知恵であると同時に、どういうこころを育てるかという、スピリチュアルな探求です。それは、調和をもたらし、社会的なつながりを支える。それは、生きものたちのすみかを、そして文化やコミュニティを守る。それは、自然環境という外なる風景にとっても、内なる魂（soul）の風景にとっても、よきものです。

シンプルであることこそが、持続可能性への道です。どれだけ新しいテクノロジーを積みあげても、これで充分ということはありません。それより、自分たちの家を、仕事場を、そして暮らしを簡素にすればいいのです。今も、そしてこれからもずっと、それこそが持続可能な世界をつくる方法です。

また、シンプルであることはスピリチュアリティへの道です。どれだけの寺を、教会を、モスクを建て、どれだけの聖典を積みあげても、もし私たちがシンプルなこころをもてず、恐れ、怒り、利己心、貪欲の重荷を下ろすことができないのなら、なんの役にも立たないでしょう。自分の内側と外側のシンプルさがあればこそ、自然環境の安定も、精神的な充足も、社会的な公正も可能となるのです。〈エレガント・シンプリシティ〉とは、世界観であり、生きかたです。

そうしたことをこの本でお話しします。

デボン州ハートランド村にて　サティシュ・クマール

第 1 章

マイ・ストーリー

私の物語

人間のしあわせは足るを知ることにある

――マハトマ・ガンディー（インド独立運動の指導者）

母の愛と父の死

一九三六年八月九日、インド、ラジャスタンの砂漠のなか、一本の梅の木のある家で、私は生まれた。電気も、ラジオも、電話もない。でも、ラクダ、牛、野原、畑、歌、物語、美術、工芸、踊り、そして音楽はたっぷりあった。私は優しい母親に大切に育てられた。

母は私を連れてわが家の小さな畑へ行く道すがら、木について、蜂や蝶について話してくれた。そして、病を癒し、多くを教えてくれる自然について語った。こうやって母と歩くときの楽しさと興奮を私は忘れない。ときに母は、話だけでなく、歌を歌ってくれた。

しゃべったり歌ったりしながら歩く、その母の姿が私は大好きだった。とくに、長くても私を釘づけにする面白い話の数々をそらで話すことができる母に魅了された。だからいつだって私は母と一緒に畑に行きたがった。こんなに物知りな人が自分の母だと思うだけでうれしかった。私にとって先生であり、ヒーローでもある母に恵まれて、たしかに私は幸いだったと思う。母は、まさに〈エレガント・シンプリシティ〉を体現する人だった。

父は、私が四歳のときに亡くなった。悲しみを抱えた母にとって、幼い私が慰めだった、と彼女は言っていた。たしかに、母は私に愛情を注ぎ、私に希望を見いだしてはいたが、彼女のこころが傷ついていることはだれの目にも明らかだった。

　心臓発作で亡くなったとき、父は五十歳だった。十歳年下の母、私と七人の兄弟姉妹があとに残された。母はよく涙を流したが、ものすごい勇気をふりしぼって、私たちの面倒をみてくれた。それでも彼女をとらえていた悲しみ、喪失感、そして孤独は、幼い私にも隠しようがなかった。

　時がたつにつれて、私はある変化に気づきはじめた。母が瞑想をするようになったのだ。そしてこころの平和についての経文《マントラ》を口ずさむのを聞いた。瞑想をしているときの母の顔からは、悲しみの暗い影が消え、からだ全体からはたくましい生命力がほとばしるのだった。瞑想が母を存在の深みへと導いたのだろう。その目には、悲しみの涙に代わって、慈愛の光が輝いているのを私は見た。

　今になっても、あれほど喪失感と孤独に苦しんでいた母が、こころ静かで、落ち着き、満ちたりた状態へと変身していったことを思い出すたびに驚かずにはいられない。私の記憶のなかに今もいる母は、美しく、腕のいい庭師で、幸福な主婦だ。恐怖と別れを告げ、「今」を、生の一刻一刻を祝福し、未来を信頼しきっていた。

　このように母は、夫の死という事実を受けいれることができた。しかし、私自身のこころはますます悲しみにとらわれていくのだった。八歳の少年になった私のこころには、母が悲しみに打ちひしがれていた姿が焼きついていた。突然、すすり泣きを始める母の姿が。幼い私はこう思ったものだ。父はなぜ死んだのか？　死とは何か？　母も死ぬのか？　私は死ぬのか？

　こうした問いに、納得のいく答えをくれる人はいなかった。母でさえ。「そうよ、私もいつか死ぬ、そしていつかはおまえも。だれもが死ぬのよ。私たちはみな、終わることのない生と死の循環のなかにとらわれているのだから」。これが母の答えだった。でも、その答えに私はかえって不安になった。

　私はだれかがこう言ってくれるのを期待していた。「うん、人びとが死ぬのを止めるために、できることがある」「死なずに生き続けることができるんだ」と。けれど、だれも、だれひとりとして、そんなことを言ってくれる人はいなかった。

トゥルシ師との出会い

　しかし、ある日、私はジャイナ教の高名な僧侶と話すことになった。その名は「聖なるバジル」を意味するトゥルシ。彼は私の母のグル（尊師）であり、私の一族にとってのグルだった。何万という人びとが彼をグルと仰ぎ、救いを求めていた。その人たちは彼をグルデヴ、つまり〝聖なる（divine）グル〟と呼んで敬愛し、崇拝していた。

　私が出会ったとき、トゥルシは三十歳、ハンサムでほがらかな若者だったが、人びとにとっては悟りに達した聖なる存在だった。私もみんなと同じように、彼に魅了された。亡くなった父親のように感じられたこともあるが、何よりも、私が切に聞きたがっていた言葉を彼が与えてくれたからだった。

「そう、誕生と死のサイクルは終わらせることができる。ニルヴァーナ（涅槃《ねはん》）の境地を得て、世俗世界のはかなさから最終的に解放され、自由になることができるのだよ。そう、喪失感、孤独、そしてあらゆる苦しみから自由になれるのだ」

　このような言葉が、真理をつかんだとだれもが信じる人の口から発せられたのだ。

「ニルヴァーナはどうすれば得られるのですか」と私は尋ねた。

「この世界を捨てて、僧侶の道を行くことだ。自尊心や持ちものを手放し、家族の束縛や財産への執着から自分を解きはなつ。そして僧侶として生きてゆくことだ」。事実を述べているだけというような揺るぎのない調子で、〝聖なるグル〟はそう言った。

「あなたと一緒にいたいです、グルデヴ！　ぼくは死にうち勝つためになんでもします。僧侶になりたいです！」言葉が、なんの考えも、なんのためらいもなく、私の口からすべり出した。胸はドキドキ、からだは震えていた。聖なるグル、トゥルシとともに歩く自分を想像するだけで、こころがあふれそうだった。彼といれば安心だと感じた。

　多くの人が、私のからだには、昔の魂が宿っていると考えた。インドには、輪廻《りんね》――つまり、だれもが前世からのカルマを背負って今の人生を生きている、という考えが息づいている。だから、私が僧に惹かれるのは、前世からのカルマなのだと。

出家

ありがたいことに、母は私の決心を理解してくれた。いくらかためらいがちにではあったけれど。母はこう言った。「もし、おまえの魂がそれを求め、それがおまえの宿命なら、おまえが行こうとする霊的な道に、私が立ちはだかるわけにはいかないでしょ?」ほかの家族や、母の友人たちは、そう簡単には理解してくれなかった。「九歳の子どもに魂の要求とか宿命とかがわかるはずがない」。こうした兄たちの主張に対して、しかし、母は感情と信念を込めてこう反論するのだった。「よくわかるわ。この小さな自分の子どもを行かせてしまうのは私もつらい。でもね、子どもは未発達のおとなじゃないのよ。もし私たちが今、スピリチュアルな道を志すこの子の気持ちをくじいたり、妨げたりしたら、繊細な魂に何が起こるかわからない。むずかしいけど、この子のやりたいようにさせてあげるのがいいと思うの」

兄たちはそれを聞いてキョトンとしていたが、私はしあわせだった。母は私を愛していたが、でも、私を所有しようとはしなかった。その彼女が私の将来の基礎をつくってくれたのだと思う。人生を通じて、社会のために活動し、平和の道を歩むために、大胆さと無私のこころを私がもてたのは、私を旅立たせてくれた母の勇気のおかげだった。結局は、もっとも強く反対していた兄も聞きいれてくれることになり、晴れて私は放浪するサドゥー（修行僧）となった。

出家し、愛する母との絆を手放した私は、鉢を手に食べものを乞い、一日一度だけの食事をとった。裸足で歩きながら、聖なるマントラを唱えた。「世間のことには気をとられてはならない。ジャイナ教の聖典以外の本を読まないこと、経典をそらんじて、日夜、瞑想に励むこと」。そう、グルデヴは言った。「厳しい禁欲の修行によってこそ、消えずに残っている過去からの悔恨をすべて燃やしつくすことができるのだ」と。

その言葉のとおり、私は九年間、一度も入浴せず、髪の毛は年に二度手で引きぬいた。毎月、二十四時間、四十八時間、七十二時間と、三度の断食をした。毎日、朝夕二時間ずつ、沈黙の行《ぎょう》のうちに瞑想した。

グルの言葉に聞きいり、ジャイナ教の経典を読むうちに、私はからだを束縛と感じ、世界を罠と感じるようになった。瞑想こそが、私をうぬぼれやむさぼり、怒りや利己心、欲望や疑いから解きはなつものとなった。そうすれば、すべての罪は拭われるだろう、と。

成長と苦悩、ガンディーとの出会い

こうして何年もの月日が流れた。それは、とらえどころのない解脱（moksha）の夢を追いもとめる長い旅のようだった。私はティーンエージャーになって、瞑想の時間を延ばしたり、より頻繁に断食をしたりした。救いを求めて、ひとりきりで歩きまわった。そして、十七歳になるころには、「魂の自由を求めて、もっと努力しなければ……」と自分に言い聞かせた。「この上に私にできることはなんでしょう、死神、カラよ、どうか来てください。すぐに来て、この罪深きからだから、このうんざりするような世界から、私を解放してください」。私はそう乞いねがった。落胆の淵にあったあの日々のことは今でも忘れない。私は死を、そしてこの世に二度と戻らぬことを望むようになっていた。

あるとき、そんな私の苦悩を察した在家の信徒、キショールがそっとマハトマ・ガンディーの本を手渡してくれた。僧である私には、宗教以外の本は禁じられていた。もちろん、ガンディーが書いた本も。だが私はそれを隠れて読んだ。悩める私のこころに、それは挑みかかるようだった。

その夜、ガンディーが私の夢に現れた。彼は丘を登っていて、私は下方にいる。やがて彼は座って、私を待ってくれる。追いついた私に、彼は言う。「解脱を見いだすために、世界を見捨てる必要はないんだよ」と。そして立ちあがると、「さあ、私とともに行こう」と言うではないか。彼は歩きながら言葉を続ける。「世界を捨てるのではなく、世界のために働きながら、スピリチュアルな生きかたをすることだ。手放すべきは世界ではなく、激情や渇望や野心だ。そうすれば人生が変わり、きみは救われる」。そう言うガンディーを光が包むかと思うと、宙にもち上げ、やがて、彼の姿は雲のなかへと消えていった。それはまるで涅槃の光景だった。

私は汗をかいて目覚めた。もう深夜零時を過ぎていたにちがいない。私は困惑しながら、何度も寝返りを打った。あれはいったいどういう意味だったのだろう？

砂漠の救い

朝、こころを静めるために長い散歩に出ることにした。砂丘に囲まれた町、ラタンガールを出て、次々に砂丘を越えて進む。グルデヴのことを私は思った。私にとって師はかけがえのない存在だった。俗世間のわずらわしい物事の虚しさについて、そしてそれを放棄する方法について、師は多くを教えてくれた。親切で慈悲深く、博学な師。ただ、彼は私に「世界」を捨てよ、と教えたのだが、その「世界」が何かを私は知らなかった。

突然、こころの奥深くから欲求がわき起こった。それは、世界を受けいれたい、そして世界を愛したい。植物を植え、花を咲かせたい。人がつくった食べものを乞うかわりに、自分で育て、料理したい。この腕で美しい女性を抱きしめ、その唇にこの唇で触れたい。動き続けるのをやめて、家に住み、硬い床の上ではなく、柔らかな寝床で寝たい。

　何か、私の内面で根本的な変化が生まれていた。死の恐怖は消えていた。

　遠くまで来てしまった。時間の感覚をなくしていたようだ。思えば、行くあてもなく、ただ何時間も歩いたのだ。夕方になっていた。日は西にあり、私は疲れ、空腹で、喉が渇いていた。だが、あたりに人影はない。そこは見覚えのない砂漠のなかで、町にどうやって戻るか、見当もつかない。私は身もこころも迷子だった。私は砂漠をさまよい、堂々巡りをくり返した。

　その時間はまるで永遠のように長く感じられた。やがて、かなたにラクダを連れた男の姿が見えた。すがるように私は叫んだ。男は止まってくれた。ふたりは互いに向かって歩いた。

「迷ってしまいました」と私は言った。「喉がカラカラなんです。水はありませんか」

　親切なラクダ飼いはほほえみながら、こう言った。「水も持たずに砂漠を歩いちゃ、いけませんよ」。そして土器の水筒を手渡してくれた。それは中の水が温まらないように濡れた布に包んであった。飲めるだけ飲むと、私はこう言った。「このまま死ぬところでした。ありがとう、あなたはいのちの恩人です。お名前は？」

「クリシュナです。両親は、息子がクリシュナ神のようにしあわせになるようにと願って、そう名づけたんです。クリシュナ神も牛を飼う、しあわせな農民だった。だから、ほら、私もこうしてしあわせです」

彼のそのしゃべりかたが私のこころを動かした。その声は穏やかで、よろこびに満ちていた。

「どちらに行かれるのですか？」と私は訊ねる。

「ラタンガール近くの小さな村に住んでいます」

「ついて行ってもいいですか。道がわからないもので」

「もちろん。ラクダに乗りますか？」

「いいえ、私は僧侶です。この九年間、ラクダにも馬にも、自転車にさえ、乗ったことはありません。ただ歩く、そう決めています」

私はクリシュナについて行った。ラクダには雑穀、メロン、ゴマなど、畑でとれたものが積まれていた。私は子どもの頃を思いだした。母も同じものをつくっていたっけ。クリシュナは学校に行ったことがないという。だから読み書きもできない。しかし、ラクダを飼い、家族のために食べものをつくり、土と藁で、家を建てることができる。妻は牛の乳をしぼって、バターやヨーグルトをつくり、民謡を歌い、ふたりの子どもの世話をする。そんなことをクリシュナは熱心に話してくれた。彼の暮らしは簡素だったが、よろこびに満ちていた。

「学校には行きませんでしたが、いろいろなことを父と母から学び、もっと多くのことを自分でやりながら学びました。私にとっての学校は、自然ですよ。自然が先生です。いつも、この土地から教えてもらっているんです」

それはまぎれもない百姓の知恵だった。私の母とそっくりだ。こうして、一時間以上かけてクリシュナと歩くことで、私は生きかえった。

「土地から学ぶって、どうやって？」と、私は聞いた。

「ただ耳を澄ます、そして見回すんです。たとえば、この砂丘の砂はいつも変化して、動いているけど、同じ砂丘のままです。こんな乾燥した砂漠にも、モンスーンの季節には雨が降る。何も育たないように見えるこんな土地でも、雑穀やメロンを収穫できるんです。私はこの土地が大好きなんです。この砂丘は月夜には銀色の草原のようです。美しくて、慈悲深い土地なんです」

クリシュナの話は、そのまま何時間続いても聞き飽きなかったにちがいない。

私たちはラタンガールに着いた。歩くことでこころは落ちついていたが、同時に、クリシュナのようにふつうで、平凡でありたいと願っている私がいた。彼の話は私に問いかけるようだった。私は一体だれなのか、と？　この白い僧衣が私なのか？　私は僧以上の者ではないのか？　名前以上のなんなのか？　いでたちや外見以上のなんなのか？　そこで急に視界が明るくなった。そして自分にこうつぶやいた。「私は自由だ」。一羽の鳥が、からだという〝鳥かご〟から飛びたつのを私は見た。

そう、私は自由だった。たしかに。肩にはもうなんの重荷もなかった。

旅立ち

私は、雨季のあいだだけほかのふたりの修行僧とともに滞在していた家に戻った。大切な友人たちだ。私のこころに起こったことを知ってほしかった。三人で何時間も歩いた。驚いたことに、彼らもまた僧団の拘束から逃れたいと願っていたと知った。私たちは、僧団を離れる決意をした。

真夜中、私たちは僧団の宿営地をこっそりと抜けだして、寝静まった町の真っ暗な道を走った。かつて、自らすすんで入った〝檻〟から脱走したわけだ。複雑な思いでいっぱいだった。わが師グルデヴは私に多くの愛を、修行を、そして自分自身を、惜しげなく与えてくれた。しかし、今の私が必要としているのは、死を征服することではなく、生を——それについてまわる不確実さや曖昧さや葛藤をも一緒に——抱きしめることだった。

言うまでもなく、それは師にとっては悲しみであり、そして裏切りであった。私の母もまた動転し、怒った。私とのやりとりを拒絶し、絶縁を宣言した。もちろん、家を訪ねるのも禁止だった（このことについてはまた第8章で話そう）。当時の私にとって、それは辛いことだったが、あとになってみれば、幸いなことだったのだ。私を支えてくれたのは、夢のなかで聞いたガンディーの言葉だった。解脱はけっして世界を見捨てることではない。スピリチュアリティは世界のただなかに、日常生活に、思考、言葉、行為の一つひとつのなかに、生きるものなのだ。

世界との再会

こうして私はあるアシュラム（修行道場）に身を寄せた。それは聖都ブッダガヤの、かつてブッダがその根方で悟りを開いたといわれる菩提樹の近くだった。

このアシュラムを創設したのはガンディーの親友、ビノーバ・バーベだった。彼の教えによれば、物質と魂はひとつで、分けることができない。だからスピリチュアリティというのは、独立した信仰の体系ではないし、教条や主義でもなく、生きかたそのものである。宗教、儀礼、経典、寺院といったものは、認識の扉を開くために役立つこともあるが、そこに留まっていたのでは、血のかよったスピリチュアリティを体得することはできない。それは、ごく普通の簡素な日常生活のただなかでこそ、可能となる。自分自身と、周りの人びとと、そして自然界と調和する暮らしのなかにこそ、スピリチュアリティは息づいているのだ。

ビノーバの言葉は、私の耳に音楽のように心地よかった。ここでの私は何者でもなく、虚栄心から解きはなたれた。こうして、私はまた土に触れることになった。菜園で、そして台所で働き、戸惑いはあってもいい気分だった。自由の空気はおいしかった。

俗世で生きる

僧侶として生きた九年間は、息が詰まるほど不自由ではあったが、それが私をたくましくしてくれた。家を、学校を、友人たちを捨て、母とも別れた末に、お金も、家庭も、所有物もない暮らしを経験したおかげで、私は「無所有」という一種の技術《アート》を身につけることができた。何も持たなくても、何かが足りないと感じたことはなかった。何かが欲しいという気にもならなかった。恐怖こそが自我や怒り、貪欲や傲《おご》りの原因だということを知った私は、怖れを手放し、未知を信頼することを学んだ。師からいただいたこの贈りものに感謝している。そしてありがたいことに、今や僧団という〝温室〟を出て、私はこうして怖れることなくほんものの世界に生きている。これこそ、私の人生の最大のＵターンだった。

アシュラムでは、ヒンドゥーの伝統でいう人生の四つのステージについて学んだ。最初の二十五年は、人生の基礎となる学びの期間。そこで学んだ技術や考えを次の二十五年で実践する。三番目の二十五年には、コミュニティや社会奉仕のために献身する。そして最後の二十五年は、瞑想し、熟考し、物質的な所有物や心理的な執着などを絶つことで、真の自分を生きる期間だ。この人生の理想は、私を導く大切な指針となった。

　僧侶として、私は歩く技術《アート》、断食という技術《アート》、思考する技術《アート》、瞑想する技術《アート》などを学んだ。そしてブッダガヤのアシュラムでは、料理、畑仕事、糸紡ぎや服づくりといった技術《アート》を習った。ビノーバからは、ものづくりをしながら瞑想すること、歩きながら不動のこころを保つこと、を教えてもらった。

ビノーバ・バーベから学んだこと

　ビノーバ・バーベは、「慈愛の王国」をこの世に実現することを自分の使命として、平和巡礼を続けていた。一生を通じて十六万キロメートル以上の道のりを歩いた彼は、行く先々で地主たちを訪ねては、貧しい人びとのために土地を寄贈するよう促した。それが「ランド・ギフト」運動である。

　感銘を受けた私は、ビノーバとともに歩くことに決めた。

「土地は地主にとってもっとも大切な所有物、それを手放してしまうように彼らを説得するためには、何を言えばいいんでしょう？」と私はビノーバにたずねた。彼は答える。

「こう言いなさい。もし、あなたに五人の子どもがいるなら、私が六人目の子どもであり、貧しく、不幸で、弱い者たちの代表だと思ってください。そしてあなたの所有地の六分の一を与えなさい、とね。もし、全インドの土地の、六分の一が土地なし農業従事者たちに配られたら、生計が立てられない者はひとりもいなくなるだろう」

「でも、ビノーバ、それはあまりにも理想論じゃありませんか」と私は反論を試みた。

「人はふつう、こう思うんじゃないでしょうか。この土地は私たちのものだ。親から相続したこの所有地を、なんで他人にあげなければならないのか、と」

ビノーバはこう言ったものだ。

「土地を所有できる人がいるだろうか？ それは自然界に属するもの。同じように、空気を、水をだれかが所有できるだろうか？ 太陽の光はだれかのものか？ 自然を、生命に欠かすことのできない要素を、所有することなどできない。ただ、それらとのつながりのなかで生きることができるだけだ」

この活動はインド中に広がり、一九五一年から七一年までのあいだに、一六〇〇万ヘクタールの土地が貧しい人びとに寄贈された。これこそ、社会活動の模範といっていいだろう。

地球巡礼者として見た世界

やがて私自身も、核兵器廃絶を使命とする平和巡礼者となり、核兵器を所有していた国々へと一万三千キロメートルを歩くことになった。一九六二年のことだ。
以降、核兵器が戦争で使われたことはまだない。これからもないことを願うばかりだ。しかし、核兵器が厳然として存在するかぎり、私はその廃絶のために行動し続けるだろう。このことを、平和活動家として誓いたい。

二年半をかけて、十五か国を歩いてわかったことは、平和とはこころのありようであり、生きかたである、ということだ。世界を歩きながら、自分が大地によって支えられ、自然によって生かされていることを実感することができた。川、森、花、そしてすべての野生のおかげで私たちは生きているのだ。この地球との平和を実現できないとすれば、内なる平和も世界平和も脆《もろ》いままだろう。

大陸を横断し、現代文明の姿を目のあたりにして、私はひとつの結論に至った。人間は自然との戦争状態にある、と。そして今、その戦争はさらに激化している。ヨーロッパやアメリカでは工場のような大規模農場を見たし、あちこちで森林の伐採や海の乱獲を、化学肥料や殺虫剤、除草剤などの農薬による土地の汚染を、私たちの暮らしの基盤だった気候にさえ変化をもたらす、温室効果ガスの大量放出を、私はこの目で見てきた。これらはみな、自然に対する攻撃だと言っていい。

こうして私は平和活動家であるだけでなく、同時に、エコロジー活動家となった。平和巡礼者《ピース・ピルグリム》である私は、同時に、地球巡礼者《アース・ピルグリム》でもある。内なる平和、世界平和、地球との平和は、こうしてひとつとなる。

有限な地球で、無限に消費や汚染やゴミを増やしつづけることができないのは、厳然たる事実だ。とすれば、簡素に生きることこそが、平和のための絶対条件となる。とめどない経済成長は無益な物事の山を築き、混沌をつくりだす。それを生活水準の高さだと誇り、その水準を守るためには戦争も厭わないという。それは戦争の経済でしかなく、しあわせで快適な、平和で自由な生きかたにとっての妨げでしかない。簡素でシンプルな生きかたは、魂のしあわせにとっても欠かすことができないのだ。

人生は巡礼の旅

「巡礼」とは、人生そのものであることを、私は知った。

一般に、巡礼は神殿や聖地への旅をいう。私自身、そうした巡礼を行ってきた。しかし、やがて気づいたのは、巡礼のほんとうの意味は、執着、習慣、偏見などから自由に生きることにほかならないということだった。身体的、精神的な混沌状態から自由であること。物理的にどこへも行かなくても、私たちは常に巡礼の途上にあるのだ。**人生そのものが旅なのである。**私はこの旅路を巡礼者として歩みたいと思っている。

そろそろ私たちもこの地球に、観光客としてではなく、巡礼者として生きはじめるべきだろう。巡礼者を導くのはこの教えだ。「風の向きを変えることはできないが、帆の向きを変えて、望む方向に向かうことはできる」

巡礼者は太陽に、雨に、花や果実に感謝するのと同様、風や嵐や吹雪にも感謝する。人生を丸ごと受けいれる。その理想は、詩人ラビンドラナート・タゴールの次の言葉に表現されている。

「空に浮かぶ雲が私の人生にやってきた。雨を運び、嵐を呼ぶ代わりに、今度は私の日暮れの空に彩りを添えるため」

私にとって、〈エレガント・シンプリシティ〉は、巡礼という思想のなかに根づいている。巡礼者であるとは、外なるシンプル・ライフと内なるシンプル・ライフの両方を育むことだ。シンプルなこころが、シンプルな暮らしをしっかりと支える。

それでは、シンプルであることとスピリチュアルであることの関係について考えてみることにしよう。

すべての偉大な思考は歩くことによって生まれる

——フリードリッヒ・ニーチェ（哲学者）

第 2 章

エレガント・シンプリシティ

「簡素」に美しく生きる

シンプルであることは複雑であることより難しい
何かをシンプルにするには大変な努力が必要だ
でも、それはやる価値がある
なぜなら、そこに達したら、山をも動かせるのだから

——スティーブ・ジョブズ（「アップル社」共同創設者）

マインドフルであれ

シンプリシティとは、こころを込めてマインドフルに生きるということだ。自分のこころの状態、また感情のありよう、人間関係、家庭、衣服、食べもの、これらすべての面において、あなたはこう問う必要がある。どうすれば人生をシンプルにできるか、と。

現状はどうだろう。ビジネスの面でも、政治や経済の面でも、私たちは人生をたいへん複雑にしてしまった。この複雑さが、私たちの肩に重荷としてのしかかり、こころには不安や心配が渦巻く。だからこそ、こう問うことが必須なのだ。「どうすれば人生をシンプルにできるか」、と。

あれこれ考える代わりに、まっすぐ問題の核心に進む方法はないだろうか。だれかと話すときにも、まわりくどい言いかたはやめて、ほんとうに言いたいことをわかりやすく、簡潔に言うことはできないかと、自分に問いかけることで、こころと言葉と行動がひと続きになる。シンプルに生きるとは、スピリチュアルに生きることなのだ。

最小限の美

物質的にシンプルであることは、貧乏を意味しない。モノが余計にない、簡素でスッキリとした生きかたをすることは、快適な生活をあきらめることではない。「美」は、所有するものを最小化し、同時に心地よさを最大化することのなかに内在している。過剰は混乱を、簡素は清澄を生む。**シンプリシティとは物事の限度を受けいれること。**

日本には「わび」「さび」という美学的な概念がある。そこには、「飾りけがない」「気取らない」「謙虚」などの意味が含まれている。高級そうで、華やかで、大げさで、目立つものである必要はない。ザラザラ、ゴツゴツしていたり、あっさりしたりしていてもよい。ありのままで、手がこんでいない。まさに「わび」と「さび」には、〈エレガント・シンプリシティ〉、簡素で美しい生きかたが表現されている。作家のパウロ・コエーリョが言ったように、「優美《エレガンス》は余計なものがすべてそぎ落とされたときに現れる」

最小限は美しい。話をするときにも、言葉少なに話すほうがいい。日本の俳句はとても短い。偉大な詩というものは多くの言葉を必要としない。シンプルで必要最小限、そして美しい、しかも、雄弁で意味深い。それがよい詩の条件だ。サンスクリット語では、深遠な思想が短いお経《スートラ》や、それよりさらに短い呪文《マントラ》で表現される。ときには、「オーム」のようにたったひと言でこと足りる。

ほんものであること

インド思想には、「ほんものの」「簡潔な」「真実の」といった理想を表す「サトビック」という言葉がある。たとえば、サトビックな食べものとは、自然で、菜園や畑からまっすぐやってきた、あまり包装されていないもののこと。この包装というのがことを複雑にする。スーパー・マーケットがまたややこしい。ひとつかふたつ欲しいものがあってスーパー・マーケットに行くと、十個も買いこんでしまったり。でも、小さい青果店か、農家が直売する市場なら、プラスチック包装も、ラベルも、商標も、宣伝文句もいらない。このシンプルさこそがサトビックだ。そうして必要なものを手にして家に戻れば、いい気持ちで、こころを込めて、食事の支度に取りかかれる。そうやってつくられた料理は、おいしくて、健康的で、消化にもいいだろう。

シンプルさのあるところには、「ほんもの」がある。シンプルな衣服とは、季節によって、からだを暖かく、あるいは涼しく保ってくれる。でも、デザイナーズ・ブランドのものだからといって服を買ったりすると、シンプルさを失くしてしまう。大きくておしゃれな店に行けば、同じようなシャツを、小ぢんまりした店で買うのよりずっと高いお金で買うことになる。それは、シャツそのものというより、ブランド名とイメージに払うお金だ。そのシャツはからだというより、うぬぼれに着せるためのものだろう。自分の地位や能力を高く見せるための服装〝パワー・ドレッシング〟もその例だ。

ショッピングはしばしば習慣となる。そしてそれを続けるために私たちは懸命に働かないといけない。より多くのお金を稼がないと、もっと多くのものを買うことができないから。でも、せっかく買いこんだものは結局、押し入れ行きとなり、忘れ去られる。

エゴからエコへ

目に見える外なる世界を簡素にするには、同時に、内なるこころの世界をシンプルにすることだ。思考をシンプルにして、こころのなかを簡素にすることが、物質的なモノへの欲望を減らすことにつながる。精神におけるシンプリシティの真逆が、名声、特権、権力などへの渇望にとらわれた状態だろう。「エゴ」、つまり我欲は、私たちの人生を、そしてこころを複雑にする。どうしたら権力が得られるだろう？　どうやって有名になろう？　こうした問いにとりつかれてしまうのだ。

いっぽう、シンプリシティは謙虚さに通じる。その謙虚さが、よい関係、よいコミュニケーション、よい理解、よい感謝へとつながる。これらはみな魂に関わる質を表している。だからもし、**人生を複雑で面倒なものにしたくなかったら、「エゴ」から**

「エコ」へとシフトすべきだ。エゴは分離し、エコはつなげる。エゴは複雑化し、エコは簡素化する。もともとエコという言葉は、「家」、つまり、つながりが育まれる場所を意味する。いっぽう、エゴにとらわれてしまったときの私たちは、よい関係性から切りはなされてしまう。

〈エレガント・シンプリシティ〉は、身体的、物質的、精神的、そしてスピリチュアルなレベルのすべてで同時に実践される必要がある。それができれば、そのとき、私たちは自由だ。ごちゃごちゃと散らかっている感情、こころ、生活空間をきれいに片づけることができなければ、あなたは不自由だ。

　アメリカには「ナショナル・シンプリシティ・デイ」というものさえある。ヘンリー・デヴィッド・ソローの誕生日にちなんで七月十二日に、「さあ、ちょっと立ち止まって、暮らしをシンプルにしはじめよう」と呼びかけている。提唱者たちはこう言っている。

「まずはスローダウンして、自然の波長に合わせ、単純なことを楽しみ、片づけをして、調和をつくりだしてゆく。それができるようになれば、あなたは楽しみながらストレスから解きはなたれ、シンプル・ライフがもたらす恩恵を手にすることになる」

ありのままに自由に生きる

まさにこのことを教えてくれるのは自然界だ。たねをまく。すると、土と雨と陽光が一緒になって、たねは木へと育つ。木は枝葉や花、果実をつける。秋がくると、葉はみな落ちて、土を肥やす。冬には木々は休み、冬眠する。そして春がきて、また生いしげる。木は野心を燃やすわけではない。ありのままの自分以上の何かを求めない。木はただ木でありたい、それだけ。リンゴの木はリンゴの木であるだけでしあわせなのだ。それ以上でも、以下でもない、ただそれ自身でありさえすればいい。人生も同じだ。野心や不安、自我や欲から自由に、自分ではない何かを求めることもなく、ただ自分自身であることができるはずだ。

シェークスピアのハムレットは「生きるべきか、死ぬべきか?」と自問した。以来、探し求めてきた答えは見つかったのだろうか? 私の答えは、「自分自身であれ」だ。**私が私で、あなたがあなたであれば、それでいい。**自分自身を見いだすこの旅は、シンプリシティに向かう旅であり、〝源〟へとたどる旅だ。その源から水は流れでて、川となり、川は枝分かれしてゆく。家族が、友だちが、同僚がやって来る。そしてすべては生《せい》の大河へと注ぐ。シンプリシティは豊かな生へと私たちを導くのだ。

物に縛られない

物質主義は複雑だ。そこには貯めること、所有することがつきものだから。何を所有しているかで、その人の地位が判断される。王や女王は宮殿とか城とかをもたなくてはならない。巨大な土地を、財産を、そして召使いたちを。そんな彼らがシンプル・ライフを送るのは難しい。現代の大金持ちも、同じことだ。彼らも、何軒もの家、何人もの使用人や相談役が必要だ。いろんな問題に追われて、忙しく、ほんとうにやりたいことができない。まるで、とらわれの身だ。いっぽう、イエス・キリスト、ブッダ、アッシジの聖フランチェスコ、マザー・テレサ、マーティン・ルーサー・キング、マハトマ・ガンディーといったスピリチュアルな指導者たちは、何ものにも縛られない自由なこころをもっていた。彼らはみな、とても簡素な生きかたをした。ガンディーは腰布を身にまとい、自分が着るものは自分で糸から紡いだ。冬は肩かけ一枚、夏は半裸に近い姿で過ごした。列車を利用するときは三等車に乗った。あるとき、その理由をだれかにきかれたガンディーは「三等車に乗るのは、その下に四等車がないからです」と答えた。いつも民衆の近くにいて、自然体で、ごくあたりまえの生きかたをする。シンプルに生きるということの立派な見本がここにある。

自分を評価する

私たちの人生では、「あたりまえ」に生きることこそが、じつは「あたりまえ」ではない、すごいことなのだ。「あたりまえ」というのは、自尊心や人からほめられたいという欲から自由に、人がどう思うかを気にしないでいる状態のことだから。だれかがあなたについてあれこれ思ったり、批判したりするのは、その人の勝手だ。たとえば、家や車が小さいからといって、あなたのことを見くびったとしても、それはその人の問題であって、あなたの問題ではない。**大事なことはただ、あなたがシンプルに楽しく暮らすこと。自分がここちよいと思えれば、それで充分だ。**

今の教育システムでは、人は先生によって評価され、就職の面接でまた評価を受ける。だれがよく、だれがよりよく、だれがよくない、というのをだれかが決めるのだ。私たちは、両親、教師、雇い主、そして同僚たちなどから、自分についての評価を受けることに、慣れてしまっている。でも、自分をしっかりもっている人なら、自信をもって、他者にあれこれ決めつけられたり、世間で通用している浅はかな基準によって測られたりしたくないと思える。**誇りある人生を生きるためには、それぞれの人が、自分自身の基準と理想をもつことが必要だ。**

自分を知り、自分を受けいれ、そして自分を評価すること。それがシンプル・ライフの条件だ。期待をしなければ、裏切られてがっかりすることもない。シンプルな生きかたには公式も、テクニックもいらない。各自が自分の道を見いだすしかない。だれもが守るべき規則などない。それは一生にわたって続く、目的地のない道だ。いつになったらシンプル・ライフが完成するのか、などと心配する必要はない。これは巡礼の旅のようなもの。くる日もくる日も、ただ、自分のこころの、思考の、言葉の、感情の、行動の、食事の、着るものの、住まいの、意図の、そして人間関係のシンプルさに気を配るようにする。そうすれば、あなたはいつのまにかシンプル・ライフのただなかにいる自分自身を見いだすことになるだろう。

複雑なものをシンプルに

私たちの頭脳は、左脳と右脳というふたつからなっていることを認めよう。左脳は理性的、野心的で、計算にたけている。右脳は想像力、直感、感情、そして魂に関わっている。〈エレガント・シンプリシティ〉とは、左脳と右脳のバランスがとれて、調和している状態だといえるだろう。

「コンプレクシティ（complexity）」と「コンプリケーション（complication）」は、どちらも「複雑」と訳されるが、同じ意味ではない。コンプレクシティは自然で、美しい。それは、シンプリシティと互いに補いあう関係にある。たとえば、私たちのからだはたいへん複雑（コンプレックス）にできているし、体内の細菌や微生物の生態も複雑だ。でも同時に、からだはとてもシンプルだ。みんな自分のからだとなかなかうまくつきあっているではないか。食べたり、シャワーを浴びたり、からだを洗ったり、トイレに行ったり、眠ったり。私たちはとてもシンプルなやりかたで、この複雑な構造をもつからだを使いこなしている。からだの世話をするのに、博士号は必要ない。

存在は複雑だが、同時に、シンプルだ。なのに、学者やエコノミストが煩雑なものにしてしまう。たとえば、絨毯《じゅうたん》を織るのはとても複雑で入りくんだプロセスだ。すべての糸とそれぞれの色が、一枚の布地へと織りあわされ、編みこまれて、複雑な模様をつくりだしていく。でも、この伝統を受けつぐ織り手たちには、大卒の資格など必要ない。注意深く、丁寧なその仕事は、複雑なものをシンプルにしてくれる。

今や私たちの人生は、時計や予定表や予約に支配されている。私の母には時計がなかった。夜は星を見て時を知った。その人生はシンプルそのもの。それに比べると私の人生も複雑。母のこころには野性的なところがあったが、それに比べれば、私のほうは飼いならされ、整頓されている。私の庭は手入れされている。芝生、樹木、花々はきちんと配置されている。整然とはしているが、日本人の言う「わび」や「さび」が欠けている。ここには逆説がある。一見混沌と見えるもののうちに秩序が潜んでいて、秩序と見えるものが逆に複雑なのだ。森は混沌としているようでありながら、内なる秩序を保って、自らを組織し、維持している。私の母の生きかたと、森のありかたは似ている。

即興性を大切に

簡素な生きかたを実践するには、自発性や即興性が要求される。たとえば、だれかが私の家を訪ねてきたとしよう。もし私が予定表のしもべであれば、「今忙しいんです。予約がなければ会えません」とでも言うだろう。私の母ならこういうことは決して言わない。インドの伝統では、「客」を表す言葉「アティティ」は、もともと「突然の訪問者」を意味する。どんな状況にあっても、予定外の、予期せぬできごとを受けいれ、即興で行動できるだけの柔軟さと自発性が必要なのである。すべてのできごとを書きとどめることなどできはしない。新しいできごとはいつも次から次へと起こっているのだから。湧きだすようにやってくる状況を抱きとめる。新しいできごとは、歓迎することにするのだ。パキスタンには「カウワリ」と呼ばれる即興音楽がある。リードする歌い手と、脇役の歌い手たちがいて、双方のあいだに休みなく対話が続けられる。ここには野性的な要素が生きている。インドの古典音楽も即興だ。楽譜というものはない。母はよく言ったものだ。「人生は音楽のよう」と。もちろん、音階もあれば、型もある。でも、楽譜はない。人生もまた即興演奏なのだ。

今を生きる

自発性と即興性によって、私たちは心配から解きはなたれる。心配は活力を消耗させる。だから心配しない癖を身につけたほうがいい。過去のできごとを心配してなんになるだろう。過去は手放さなければいけない。未来のことを心配する必要もない。詩人のハリール・ジブラーンは言った、「昨日は今日の記憶、明日は今日の夢にすぎない」。今このときだけが現実なのだ。だから英語で、プレゼント（ここにある）は、プレゼント（贈りもの）をも意味する。それがどんなものであれ、今、自分が置かれた状況に応えなければならない。私はこころの配分について、こんなふうに考えることにしている。過去については一〇パーセント、未来については一五パーセント、そして残りの七五パーセントは現在。こんなふうに、**今に重心を置いて生きれば、軽やかに、ゆっくりと動くことができる。**寛大なこころで、いろんなできごとに向きあうことができる。過去や未来への心配でエネルギーをむだ使いしていると、目の前の状況にしっかり応えることができない。今この瞬間にこそ、あらゆる可能性が秘められている。さあ、その今を、生ききろうではないか。

ビジョンをもち豊かに生きる

そのためには、未来が訪れたとき、自分にはそれにちゃんと向きあえる力があると、自分を信頼しなければならない。そう信じて、今は、何も心配しなくていい。何か、困ったことが起こりはしないかなどと。問題は起こるかもしれないし、起こらないかもしれない。嫌なことかもしれないし、よいことかもしれない。どちらにしても、あなたにはこれから起きることに対処する力がある。覚えておくことだ。どんな周到な計画をたてても、ことはその計画どおりに進むとは限らない。そうであるなら、計画をたてることに懸命になる必要などないではないか。ただ、ほんの少しばかり、未来についてのイメージをもってさえいれば、充分。過剰な計画をもっていると、その計画がうまくいかないときに、がっかりするだけだ。

計画をたてる代わりに、ビジョンをもとうではないか。ビジョンとは、夢のようなもの。ビジョンさえあれば、計画は自然に、ゆっくりと立ちあがってくる。未来もまたおのずから、あらわれでる。著名な神話学者ジョセフ・キャンベルもこう言っている。

「計画された人生を手放さなければならない。そうすれば、私たちを待ってくれている人生を迎えいれることができる」

計画へのこだわりやとらわれから自由になると、そこに不思議なエネルギーが生じるものだ。ものごとがおのずからやってくるに任せる。そうすれば、奇跡さえ起こりうる。前もって、あれこれプランを練れば、奇跡など起こりようもない。最少の計画と最大の即興――それこそがシンプルな生きかたへの近道だ。

〈エレガント・シンプリシティ〉は深遠だ。それは厳しい禁欲、欠乏、貧窮、自己否定とはなんの関係もない。逆説的に聞こえるかもしれないが、シンプルな生きかたが与えてくれるのは、あふれる豊かさなのだ。**「足るを知る」者は、充分すぎるほど与えられる。**シンプルな生きかたは、ぜいたくより充分、便利さよりここちよさ、渇望より満足、怒りより和解を、私たちに与えてくれる。

このことを、マハトマ・ガンディーの友人でもあった社会思想家のリチャード・グレッグは、「ボランタリー・シンプリシティ（自発的な簡素）」と名づけた。それが意味するのは、誠実さと正直なこころ。外なる物質的過剰の軽減。生きるという肝心の目的にとって無意味な所有を避けること。音楽や詩やガーデニングのための時間、友人たちとの時間など、人生を豊かにしてくれるものごとを優先するために、ある種の用事をあきらめることだ。

このように深く広い意味をもつ〈エレガント・シンプリシティ〉の理想に向かって、まずは大量生産・大量消費を避けることから始めよう。卓越したデザイナーであり詩人でもあったウィリアム・モリスはこの理想を、アーツ・アンド・クラフト運動――想像力を駆使して、日常生活のなかで使われるシンプルで美しい道具をつくりだす運動――によって表現した。次の章では、この「アートにおける簡素な美しさ」について、考えてみたい。

私には三つのことしか教えることはない
簡素、忍耐、そして慈愛。この三つこそ、もっとも貴重なあなたの宝物

――老子（思想家、道教の始祖）

第 3 章

アーティストたちの社会

世界は、我らが想像力にとってのキャンバス

——ヘンリー・デヴィッド・ソロー（思想家・詩人）

アーツ・オブ・リビング――生きるアート

その昔、インドではたくさんの人びとが、六十四あるといわれた「生きるアート《アーツ・オブ・リビング》」の、すべてではないにせよ、多くを学んだものだ。そのなかには、寝床を整えること、からだを洗うこと、からだを飾ること、性交（カーマスートラ）、家族の世話、火をおこすこと、寺院での祈禱《きとう》、呼吸、瞑想、歌、踊り、絵画、家を建てること、食物を育てること、料理、家具をつくること、などのアートが含まれている。

必要なこれら六十四のアートを生徒として習得することで、人びとは、この世界で上手に生きていくことができる。でも、それらは単に物質的な必要性を満たすための技術ではなく、感性的な、知的な、そしてスピリチュアルなニーズに応えるものでもあった。祈りや瞑想のような魂を満たすアートと、感情や身体の欲求を満たすアートとのあいだに、区別は設けられていない。

陶器を、あるいは彫像をつくるとき、私は私自身をつくっている。**土を耕しているとき、あなたはあなた自身を耕している。畑で作物を育てているとき、私たちは自分のうちに忍耐を育てている。**内なるアートと外なるアートは、同じひとつの現実のふたつの側面にすぎない。

つくり手になる

つくるというプロセスに参加してはじめて、私たちはそれを使い、消費する資格を得る、と考えてみよう。すると、雇われ人や消費者は、つくり人やアーティストへと姿を変える。会社とは違って、上司も部下もいない協同組合のように。所有関係（オーナーシップ）は、協力関係（リレーションシップ）に置きかえられる。人間同士がそういう関係でつながる社会では、きっと人間が自然を資源として所有すると考えたりはしないだろう。自然資源は、贈りもの（ギフト）として、そこにある。人間はそれを感謝とともに受けとり、大切に使い、分かちあう。人間同士だけでなく、この地球にともに生きるすべての生きものたちと。

アーティストは雇用や職業を求めない。求めるのは、「よき生きかた」。その結果、地球に負荷をかけない、軽快な生きかたになる。アーティストたちによってつくられる社会では、経済の目的は、少数の欲張りな人たちの欲望を満たすことではなく、すべての市民が真に必要とするものを供給することになるだろう。ガンディーが言ったように、**この世は、万人の必要を満たすには充分だが、だれの貪欲も満たすことはできない。**自然界の豊かさのおかげで、すべてはあり余るほどだ。アーティストたちの社会では、浪費がなく、汚染もない。ちょうど自然界に浪費も汚染もないように。自然界からいただいた贈りものに、アーティストはちゃんとお返しをする。彼らの活動はすべて、循環型で再生可能だ。生きるアートを実践するアーティストたちの社会を私は夢みる。

さあ、あなたも今ここから、自分自身の生きるアートを磨いて、人生をもっとシンプルで、調和した、もっと楽しく、満ち足りたものにしていこう。

自分の手で何かをつくる。すると、自分ではそんなつもりはなくても、あなたは美を創造している。きっと私たちはそれをどこかに置きわすれていたのだ。だから、こうして醜いものにとり囲まれている。

大量生産という産業のありかたは、醜い文明をこしらえてしまったのではないか。私たちは**数字**に支配され、**経済**にとりつかれ、**スピード**のとりこになっているが、これら三つは美しさの天敵だ。物質主義という醜い怪物がつきまとって近代的な社会を悩ませてきた。美の女神は人間性という家庭から追いだされてしまったようだ。美を失うとき、同時に私たちは真実も失う。「美は真なり、真は美なり」とイギリスの詩人キーツは書いた。私たちの時代の衰退の根っこには、この美と真実の欠乏がある。

商業主義からアートを解放する

手づくりのアートだけが、人間性の病を治すことができる。アートはわが文明の醜さを洗いながしてくれる。物質主義の力に打ちかって美の支配する世界を回復することができるのは、アートだ。想像力の秘めた力を解きはなって、貪欲、スピード、過剰といった罠から私たちを自由にすることができるのも、アートだ。ロンドンの国立美術館《テイト・ギャラリー》に、あなたが寝起きしたままの乱れたベッドを展示したら、巨額で売れるかもしれない。ここに、文明の病が社会のすみずみにまで行きわたってしまったことがあらわれている。アートはいまや、娯楽産業と金儲けの専門家たちにハイジャックされてしまった。

「アートが人生をつくる」と言った作家ヘンリー・ジェームズの知恵は忘れられてしまったようだ。アートは日常の暮らしから引き離されて、ギャラリーや美術館にとらわれの身となっている。今こそ、扇情主義《センセーショナリズム》と商業主義からアートを解放してあげよう。そうすれば、アートはほんらいの姿を、そしてその意義深さを取りもどすだろう。

アートとは何か

インド美術史家のアナンダ・クーマラスワミによれば、「アーティストとは特別な人のことではなく、すべての人が特別なアーティストなのだ」。家庭を切りもりし、料理し、踊り、歌い、ガーデニングをする…。これらはみなアートの表現形式だ。

先に、アーティストはつくる人だと言ったが、詩人（ポエット）という言葉も、「つくる」を意味するギリシャ語の「ポエーシス」からきたもので、文字どおり、「つくる人」のことだ。詩（ポエトリー）は、想像力が生みだした言葉がページの上に並んだものばかりではない。想像力の活動のすべてが詩だといえる。詩は、思考を物質や時間と、人間を世界と和解させる活動だ。世界に調和を「つくる」という美しいビジョンがここにある。

自然、それは神の詩であり、アートである。神は庭師がつくりだす庭を通して、みずからを表現する。同じように、太陽光エネルギーを生産したり、経済活動を組織したり、学校を運営したりするのも、やはり、アートだといえる。アートというのは、こころのありかただ。あなたのこころが名声、富、権力などへの誘惑から解きはなたれた状態で仕事がうまくいったとき、その仕事はアート。科学や政治やビジネスにたずさわる人びとも、自分の仕事を、愛と想像力をもってするとき、アーティストとなる。ガイア理論の創始者として知られるジェームズ・ラヴロックが、私にこう言ったことがある。

「私はアーティストとして科学をやっている。政府や企業の命令には従わない。自分の直観と霊感、そしてとくに想像力に従うだけさ」

彫刻家のリチャード・ロングは私にこう言った。「私はアーティストとして歩く」と。そう、マインドフルな状態で歩くとき、それはひとつのアートなのだ。

生きることそのものがアート

オーストラリアの先住民アボリジニーのコミュニティを訪ねたことがある。「あなたがたのお仕事は？　どうやって生活しているんですか？」という問いに、彼らはこう答えた。「私たちは、みんながアーティストです」と。私は感激した。こんなふうに宣言できるコミュニティが、世界にどれだけあるだろう。

哲学者のバートランド・ラッセルがアフリカの先住民の村を訪ねたときのこと。人びとは昼間、畑で働き、夕方、雑穀と少しの肉と自家製ワインからなるシンプルな食事をとる。それはラッセルがふだん食べているフルコースの夕食にくらべるとかなり質素だ。食べおわると、人びとは歌いだした。歌がひとしきり続いたあと、今度は踊りがはじまる。ラッセルが時計を見る。村人たちは時計などしていないが、彼はしていたのだ。もう、十時だった。やがて十一時になり、十二時となった。しかし、彼のホストであるはずの人びとは、歌い、踊りつづけている。しあわせそうに、楽しそうに。ラッセルはこれほどよろこびにあふれた人びとを見たことがなかった。ここには世界の問題などにこころをわずらわせる人はいない。精神的にも物質的にも悩むことはほとんどなく、何かが欠乏しているなどと考えない。ラッセルはこう考えた。「ああ、ここに生まれ、苦悩や心配から自由に生きたかった」と。

先住民の文化ではアートは趣味でもないし、ぜいたくでもない。先住民の文化には、西洋的な意味での「アート」にあたる言葉がない。そこでは、想像力と技能のおかげでよくできた「もの」や「こと」はみなアートなので、これはアート、これはアートではない、と区別する言葉がないのだ。そこでは、アートは暮らしの一部として日常に溶けこんでいる。それは日常生活に、そして人生に、なくてはならない要素だ。それらは、美術館やギャラリーではなく、家や田畑などにあって、日々、使われている。いっぽう、功利主義的な私たちの産業文明では、アートを日常生活から引きはなしてしまった。アートは今や、ぜいたく品になってしまった。絵やスケッチ、踊りや歌、そして演劇は、ほとんどの人が日常にするものではなくなっている。そのうちのどれかを趣味として続けるか、少数の専門家たちが職業として取りくむか、である。しかし、何よりも価値があるのは、生きるアート《アーツ・オブ・リビング》なのだ。

　先住民のアートは、技能とあたたかい関心とが結びついて生まれる。「愛をこめてつくる」とは、素材と作業過程に身を委ねること。自分自身をあけ渡すのだ。手綱を放して、何かが向こうからやってくるに任せる。つくり人たちが日々の作業に打ちこむことで、必要な技能は自然に培われる。こころを込めてつくる過程は、瞑想に通じる。仕事に打ちこんでいるその瞬間、こころは欠けることなく、そこにある。その意味で、アートとはほんらい、祝福の表現なのだ。それは、生きていることを、コミュニティを、文化を、そして自然を祝う。

分離されたアート

こうした本来の意味でのアートから、しかし私たちはずいぶん遠くまできてしまったようだ。近代的な世界では、専門家としてのアーティストがアートそのものより重要視されるようになっている。中世には神に捧げるものだったアートは、のちに、人間のためのアートとなり、近代社会にいたっては、「アートのためのアート」となった。さらに近代を超えるというポストモダンの時代には、概念芸術《コンセプチュアル・アート》が主流となり、「アーティストのためのアート」になったようだ。率直に言って、技能も、美しさも、そして労力も欠けているものをアートと呼ぶのは、私には難しい。そういうものは、「考えかた《コンセプト》」と呼ぶほうがいいのではないか。アートという、みんなに愛されてきた言葉の中身を薄めてしまうよりは。アートという言葉は、誠実、真実、美、そしていのちと切っても切れない関係にある。**アートはただの考えかた《コンセプト》ではない。それは「生きかた」なのだ。**

アートが生きかたから分離されたのは、アーティストたちが、それまで仲間であったはずの職人《アーティザン》たちや、常にものづくりにたずさわってきたほとんどの女性たちから、自らを区別しはじめ、より高い地位を要求するようになったときからだ。アートがステータスを示すものになったとき、それはふつうの人のふつうの暮らしから遊離してしまった。その距離は徐々に広がって、アートは〝特別〟な才能をもつ人びとが生みだし、大金持ちだけが買うものになっていった。こうして、アートは売り買いされる商品となり、消費と投資の対象となった。それはもう、だれもが日々の生活のなかで取りくむものではない。アートは生きかたであることをやめてしまったのだ。

アートのよろこびを取りもどす

私たちは今、新しい転換のときを迎えているのではないだろうか。目覚めのときといってもいい。私たちの足もとの土、身に着けるもの、手でつくるものと、アートとのつながり直しが求められている。アーティストたちの新しい運動が起こっている。アンディ・ゴールズワージー、スーザン・ダージズ、リチャード・ロング、クリス・ドラリー、サンディ・ブラウン…、数えあげればきりがない。その仕事は、生活と自然とアートとが、切れ目なくつながっている。アートがすべての人の人生の一部となれば、混沌や消費、そして醜さにあふれた文明によって受けた魂の傷を癒すこともできるだろう。

自然と文化、美しさと実用性、生産と消費、芸術と工芸をもう一度結びつける。そうすることによってしか、お金や物質主義、大量生産による圧政からの自由に向かう道は見いだせない。

アートは変革の力を秘めている。アーティストは錬金術師なのだ。ただの素材から、美しさ、実用性、よろこびをつくりだすのだから。陶芸は、なんの変哲もないふつうの粘土のかたまりのなかに隠されていた、まったくふつうではない力を引きだしてみせる。その容器を見るものによろこびを与える力だけでなく、その中に水やワインをたたえ、食べものをのせ、花を支える力を。絵描きは、赤や青や黄色といったありきたりの絵具を容器や紙、壁やキャンバスの上にのせるだけで、これまたよろこびを生みだす。有名か、無名かに関わらず。

陶芸家、絵描き、彫刻家、かご職人といった人びとの多くは、自然界にある、地域でとれる材料を使ってきた。ヤナギの枝をかごに、石を彫刻に、木をたんすに、音を音楽に、言葉を詩に変えてきたのは、忍耐力と鍛錬、想像力と持続力、手と足と声の力、そしてさらに人間の魂の力なのだ。うれしいことには、**私たちのだれもがアーティストにも、職人にもなれる可能性を秘めている。**

多くの人びとを悩ませている不安、生きがいの喪失、うつ…。その原因は人生から創造性が欠落したことだろう。近代産業文明は想像力を敵にまわしてしまった。大多数の人びとから、芸術や工芸を、文化を、そして創造性を奪ってしまった。

アートは、よき人生の一部だ。よき人生では、自分のしている仕事がまるで「天職」

であるかのように感じられるだろう。芸術や工芸に根ざした経済を想像してみよう。それはしなやかな強さをもった経済、平和な経済になるだろう。そうなれば、環境破壊や精神疾患の蔓延といった社会的な問題にも解決の道が見いだされるだろう。**大量生産と大量消費の経済は、どこまで行っても不満が渦まく、終わりなき競争だ。**不満の連鎖に歯止めをかけ、人びとに充実感や満足感を与えてくれるもの、それが自分の手によるものづくりだ。

アーティストがつくるしあわせな社会という理想

雇用されることとアーティストであることとは、まったくちがう。だからすべての人がアーティストでありうるような社会をつくろうと思えば、これまでの近代的社会とはまったくちがうものにする必要があるだろう。今のしくみでは、社会を支配するのは経済であって、想像力と創造性ではない。経済は成長のスピードを上げるために、私たちを、大量生産される商品の消費者になるようにし向ける。いっぽう、「みんながアーティスト」という考えの上にたつ社会がめざすのは、市民個々人の、社会の、そして自然界のしあわせ《ウェルビーイング》を達成すること。この理想の社会では、経済は人間に仕えるのであって、人間の主人ではない。私はこう信じている。アートというしっかりとした土台の上に、〈エレガント・シンプリシティ〉は築かれる。オートメーション、産業主義、ロボット主導システムなどとは距離をおこう。そして魂のこもった手づくりという理想をもとう。

それによって物質的な世界は尊厳をとり戻し、「もの」は聖性を回復する。インドの文化では、その営みのことを「カルマ・ヨガ（行いのヨガ）」と呼んできた。次章では、このカルマ・ヨガについて、そこから湧きでる活力と洞察力の意味について、考えてみたい。カルマ・ヨガの道を歩めば、あなたは〈エレガント・シンプリシティ〉に行きつくことになるだろう。

シンプルな生きかたとは、きっと、自分らしくあるということ

——ボビー・ブラウン（ミュージシャン）

第4章

行いのヨガ

生はプロセスであって、結果ではない

——ブライアン・グッドウィン（生物学者）

結果を求めない

ヒンドゥー教のもっとも力あふれる教えのひとつがカルマ・ヨガだ。それは、「行為の果実を求めることなく、それを行う」と教える。結果を重視する西洋的な思考からみると、そんなことはありえないと思うかもしれない。しかし、深く考えてみれば、この教えには知恵と明解な真理が詰まっている。そこから学ぶべきことは多く、そこには日々の暮らしをガラッと変える力が秘められている。この教えは何千年にわたって、多くの哲学者、賢者、行者たちによって磨きあげられたが、彼らはみな、それを「究極の教え」と呼んだ。

カルマ・ヨガの生まれたところ

「行いのヨガ」について語る前に、まずは、それがどんな文脈のなかに置かれているのかを知ってもらうために、少しヒンドゥー教について説明しておこう。

ヒンドゥーという言葉はインダス川としても知られるヒンドゥー川に由来する。そしてこの同じ川がインドという国の名前（英語でインディア、ヒンディー語でヒンドゥスタン）の由来にも、そこに住む人びと、そしてその言語の由来にもなっている。聖なる川として崇められているこの川の源は、ヒマラヤのカイラス山という聖山だ。川はラダック地方を通り、パキスタンを流れて、アラビア海に注ぐ。数世紀前のこと、西洋からやってきてこの大河を渡った人びとは、三万六千もの神々がいる国を見いだした。そこに住む人びとは、川の、山の、森の神々を崇めているのだった。異国の旅人たちはこのような信仰のありかたを「ヒンドゥー教」と呼ぶようになった。

自然こそが神

ヒンドゥー教のもっとも深遠な思想は、「ウパニシャッド」という書物に収められている。ウパニシャッドとは、「師の足もとに座り、対話に加わる」という意味だ。もとは口承文化だから、語りはすべて暗記された。たとえばそこには、土、空気、水、火という自然の基本要素が神聖であると述べられている。すべての生きものそれぞれに宿る神のほかに、別の神は存在しない。この大地、この宇宙を離れたどこか遠い天国のようなところに神はいない、と。

私たちが見るもの、触れるもの、感じるもの、嗅ぐもの、聞くものはすべて聖なるもの。ウパニシャッドは大地の寛大さをたたえる。たとえば、コルカタの植物園にある、とても小さな種子から生まれた巨大な菩提樹は、千以上の枝をもっている。あまりにも大きいので、人びとは「一本の木からなる森」と呼ぶ。その木陰は二ヘクタールにもなる。それは、この大地の豊かさと聖性を示すみごとな例だろう。

ウパニシャッドは言う。「大地の果実を楽しみなさい」。そう招かれているのは人間だけではない。すべての生きものが大地の贈りものを享受するよう、招かれている。だから、あなたは必要な分だけをとり、あとは他のものたちのために残しておかなければならない。

リンゴの季節になると、木にはたくさんの実がなって、鳥が、蜂が、そしてミミズが食べにやってくる。その木を養い、育てるのは土。木から落ちた実は、土に栄養を与える。これが、自然の聖なるサイクルだ。

ヒンドゥーの生命観、自然観は、直線的ではなく、円環的だ。先に、巡礼について話したように、生は終わりのない旅だ。ゴールも、目的地もない。だからこそ、自分が何かを行うときも、それがどういう結果を生みだすかにとらわれるべきではない。その行いそのものに焦点をしぼるほうがいい。

ギータのこと

ウパニシャッドのなかの重要な経典に「バガバッド・ギータ」がある。

ギータは長大な詩だ。それは戦争と平和についての寓話でもある。ある大きな一族のなかの身内同士が激しい骨肉の戦いを展開していた。いっぽうには百人の兄弟たち、その敵側には彼らの五人のいとこたちがいて、双方が王国の支配をめぐって争っていた。ギータは、叙事詩「マハーバーラタ」にあるこの争いの部分をとり上げたものだ。話はクリシュナ神と戦士アルジュナとの対話を軸に展開する。アルジュナは、自分の家族を敵として戦わねばならないこの戦争の正当性を疑っていた。作者は、この「争い」を「行い」の比喩として使っていた。争いは支配し、征服し、権力を握りたいという欲望から生まれる。これらの人間特有の欲望を克服することによって、対立や戦争はのり越えることができる。

この「争い」は、人間の本性が備えている二面性——建設的な性格と破壊的な性格——のあいだの争いでもある。

バガバッド・ギータが書かれたころのインドには、世俗社会を捨てて出家するよう人びとをあと押しする運動があった。仏教の祖ブッダ、ジャイナ教の祖マハビールをはじめ、その後に続く信者たちの多くは王家や大土地所有者の家から出て、僧院に入った者たちだった。ギータは、こうした流れに逆らう。たとえば、クリシュナはアルジュナにこう言う。「世界への執着を捨てよ。だが、世界そのものを見捨てるな。世界で行為《アクション》することをあきらめるな」

こうしてギータは、行いのヨガ《カルマ・ヨガ》の深遠な教えをこのうえなく明瞭な形で示してくれる。行為はすべての人にとっておのずから起こることであって、避けることはできない。だれもが「行う」必要がある。からだはそうできている。部屋に座らされて、一週間、あるいは一か月のあいだ「何もしてはいけない」と命じられてよろこぶ人はいないだろう。私たちはみな動くことへの衝動をもっている。庭仕事、料理、つくること、建てること、たねまき、歌うこと、踊ること…。行為は自足へと向かう道だ。行為は美しい。行為の結果、ごほうびがもらえるのではない。行為それ自体がよろこびや楽しさというごほうびなのだ。

　ギータは行動に参加し、取りくむことを私たちにうながす。その結果を心配することなく。賞賛や成果に恋いこがれることがなければ、行為そのものに集中することができる。そうすれば、その行為はおのずから、最良、最上のものになるはずだ。もし、行為の果実を求めなければ、私たちは傲《おご》りから、我欲から、解きはなたれるだろう。ギータはこう教えている。

「行いを捨てるな。その行いの果実への欲求を捨てよ。けっして世界を捨てるな。世界への執着を捨てよ」

　行為は、他者への贈りものであり、奉仕であって、自分が得をするためのものではない。病気の人、年老いた人、おなかをすかせている人を前にして、行為することなしにどうやってその人を助けることができるだろう？　行いはお互いさまなのだ。行為は、つねに相手との関わりのなかで、愛や思いやり、慈しみや親切のこころとともに与えられ、そして受けとられる。すべての行為は一種の奉仕だ。たとえば、庭仕事は、大切な近親者への奉仕であるばかりか、その土地を世話することであり、土への返礼でもある。土を耕すことは、土だけでなく、自分の魂を耕すことでもある。菜園の草とりをしながら、私たちは、自分の暮らしのなかから、不安や怒り、傲りや我欲、恐れなどをとり除いているのだ。土と一体になりながら、私たちは世界を成りたたせているさまざまな要素とつながり直す。こうしてガーデニングは「行いのヨガ」という一種の瞑想となる。

マインドフルに行うことすべてがヨガ

カルマ・ヨガは生きかたそのもの。マインドフルに行う、渇望や執着から解き放たれた行動の一つひとつがヨガなのだ。料理、庭仕事、執筆、家づくり、家具づくり、川沿いの散歩…。なんであれ、「今・ここ」に充分集中していれば、それはカルマ・ヨガといえる。前章でみたように、アーティストはつくるという行為のもたらす結果ではなく、つくる過程そのものに専心する。それが、歌であれ、踊りであれ、絵画であれ、行為はそれ自体で完結しているのだ。その結果や所産がどんなものであろうと、それは重要ではない。

バガバッド・ギータによれば、カルマ・ヨガこそがスピリチュアリティの土台である。そこには、教義も、教会も、寺院も、経典もない。スピリチュアルであることと、行動することとのあいだには、切れ目がない。聖なるものが住んでいるのは、私たちのこころのなかだ。僧院での暮らしのほうが、世間での暮らしより清く正しいという考えかたにギータは異議を申したてた。**清いこころとよき意図さえあれば、世俗的な世界でもしあわせに、簡素に生きていくことができる。**それまで僧侶だった私が僧団を離れ、世界に出て、日常生活のなかでスピリチュアルに生きようと思ったのは、まさにこの理由からだった。

ジャイナ教の非暴力とガンディー

ギータの哲学では、よき意図、そして執着からの自由さえあればすべての行為はカルマ・ヨガとみなされるのに対して、ジャイナ教では、よき意図だけでは充分ではないとされる。行いのヨガはつねに非暴力でなければならない。善意のもとになされる暴力的な行為はヨガではない、というのだ。

たとえばギータでは、他意のない純粋な善意のもとに行われる戦争は正当化される。これに対して、よき意図だけでは充分ではないと反論したのがジャイナ教の尊師マハビールだった。行為そのものが純粋で非暴力でなければならない、と。崇高な目的はつねに崇高な手段によってなされる。ギータで戦争という比喩が使われることが、ジャイナ教徒には受けいれられないのだ。こうしてマハビールは、動物をはじめすべての生きものへの慈悲を唱えることで、行いのヨガという理想に、もうひとつの新しい次元をつけ加えることになった。

　マハビールはカルマ・ヨガの改革を提唱した。結果という果実を捨てるのは、よろしい。でもそれだけでなく、行為のうちに忍びこむいかなる暴力の痕跡も捨てされ、と。彼は、すべての人が菜食主義者になることを提案した。ヒンドゥー教徒はたしかに牛、猿、孔雀《くじゃく》、白鳥などを聖なる動物とみなしていたが、ほかの動物は寺院で儀礼とともに屠《ほふ》って祭壇にまつることをゆるしていた。マハビールは、牛を神聖なものとみなす彼らヒンドゥー教徒をほめながら、その神聖さを牛だけでなく、すべての生きものへと広げるようにと彼らに迫った。

　マハビールにとっては、非暴力こそが、カルマ・ヨガの本質的な特長だった。単に、行動だけでなく、こころのなかの非暴力も大切だ。否定的で暴力的な、悪意に満ちた、人を害するような思いを避けなければいけない。言葉も同じこと。話すときにはやさしい言葉を使わなければならない。厳しい真実について語るときも、おだやかに。もし、おだやかに話すことが難しいときには、沈黙を守る。そして、いずれ、辛い真実を優しく、おだやかに話すことができるようになるまで、待つ。

　カルマ・ヨガという教えをさらに前へ進めたのは、マハトマ・ガンディーだった。ヒンドゥー教徒の父と、ジャイナ教徒の母をもつ彼は、そのふたつの教えを合わせもっていた。彼が打ちだしたのは社会的、政治的、経済的なカルマ・ヨガだった。ガンディーによれば、大量生産、機械化、手工芸の破壊などからなる近代的な経済のありかたそのものが暴力的だ。手によってものをつくっていれば、交通や化石燃料などの自然資源の使用は最低限ですませることができる。そしてそれが、シンプルで優美な、非暴力の生きかたにも通じる。

　同じように、人びとの力を奪うことで成りたっている、中央集権的で軍国主義的な政府はそれ自体が暴力的だ。ガンディー版のカルマ・ヨガは、人間らしいスケールの、権力分散型の政治を提唱する。彼にとって、「小さいことは美しい《スモール・イズ・ビューティフル》」は変わらぬ信念だった。ガンディーは、成果主義から自由な生きかたをめざす「行い《アクション》」と「生きるアート《アーツ・オブ・リビング》」というヒンドゥー的な理想と、思考と言葉と行動の非暴力というジャイナ教の価値観、これらふたつの土台の上に、政治、経済、さらに個々の人生における「よき行い」を含んだ、カルマ・ヨガの新しいしくみを発展させたのだ。

　カルマ・ヨガの三原則である、理想と実用性の一体性、人類同胞や地球のためになる行い、社会的な調和と自然界の調和を乱す行いの忌避。これらが、〈エレガント・シンプリシティ〉の理想を形づくっている。

　とはいっても、その実践は、理想主義的で、私たちの手の届かないところにあるように見えるかもしれない。成果主義は私たちの身に染みついている。では、どこから、自分自身を変えていけばいいのだろう。どうすれば、アーティストやカルマ・ヨガの生きかたをする人びとの社会はできるのだろう。〈エレガント・シンプリシティ〉をどこからはじめたらいいだろう。私の考えは、「はじまるところではじめる」だ。つまり、幼いころの教育、学校からはじめる。次章では、教育と学びについてみてみることにしよう。

シンプリシティのないところに偉大さはない

――レオ・トルストイ（作家・思想家）

第5章

学びと人生

教育とは人生の準備ではない
教育こそが人生なのだ

――ジョン・デューイ（哲学者）

教育のあるべきかたち

シンプリシティはごく早いうちに、始めるのがいい。つまり、幼いころから。子どもは種子のようだ。条件さえよければ、たねはそのうちに秘められている未来の可能性を開いていく。ドングリがカシの木に、リンゴのたねがリンゴの木になる。庭仕事、林業、農業は、カシの木をトネリコの木にする仕事ではないし、リンゴをナシにすることでもない。でも、学校に行きはじめた子どもがリンゴなのかナシなのかを、先生が知らなかったら、どうだろう。

　残念なことに、近代的な学校では、先生たちが子どもたちの資質を見きわめることは滅多にない。生徒たちのほうが経済のシステムのなかにはめこまれるのだ。子どもたちは、経済が「こうなりなさい」と言うとおりにならなければいけない。「エンジニア、銀行家、エコノミスト、会計士、医者が必要だ」と政府が言う。学校は市場の要求に合うように子どもたちを鍛える。彼らが仕事を得て、成功して、お金をできるだけたくさん稼いで、あれやこれやの物をできるだけたくさん所有できるように。しかし、本来なら、こう考えるべきだろう。子どもたちが経済のしくみに合わせるのではなく、経済のほうが子どもたちに合わせるべきだと。**教育は、子どもたちが充実してしあわせな人生を送るためのものでなければならない。**

学校をつくる

私は、こうした近代的な教育のやりかたがどうしても好きになれなかったので、私たちの住むイギリス、ノース・デボンのハートランドで、学校をつくることにした。一九八二年のことだ。ふたりの子どもたちは中学に入る年ごろになっていたが、町のハイスクール（中学・高校）は、わが家から二四キロメートルも離れていた。毎日、片道一時間かけてバスで通わなければならない。十一歳にしてもう、通勤する会社員たちのような暮らしを強いられるとは！　そんなことをわが子たちにさせるのは耐えがたかった。そもそも妻と私は、いなか暮らしがしたくて、そして子どもたちにもよい環境のなかで育ってほしいと思って、都会から村に移住したのだった。私たちは子どもたちに自然から、森から、動植物から学んでほしいと願った。村に住む農民たちのこと、家を建てる人たち、絵描き、詩人たちのことを知ってほしかった。遠い町の学校に通うために、毎朝八時に村を出て、晩に疲れきって帰ってくるような生活では、コミュニティと自分とのつながりの意味を理解することはできないだろう。経済社会にとって必要な人材となるためには、高校を出たら、次に大学へいかなければならなくなる。その次には、給料のいい仕事を探して、ロンドン、あるいはパリ、ニューヨーク、ニューデリーに行く。こうして、私の子どもたちもご多分にもれず、村から離れていき、コミュニティという根っこをもたない存在となる。

私たち夫婦は、子どもたちにコミュニティから離れたところで教育を受けてほしくなかった。そこで、村人たちにミーティングを呼びかけた。うれしいことに、三十人ほどが集まってくれた。まず、議論の前に、私はこう質問した。「子どもたちがバスで町に通学するのをどう思いますか？」ある親がこう言った。「スクールバスでたばこを吸う子がいたり、いじめにあう子がいたり。だれの目も届きませんからね。村に学校があるといいけど」

一時間ほど話しあったところで、九人の子どもたちの親が、もしハートランドに学校ができたら、自分の子も行かせたいと思っていることがわかった。イギリスの法律では、学校として認可されるには五人以上の生徒が必要とされているが、すでにそれ以上の子どもたちがいる。こうしてハートランド村の中学校が始まった。その名も〝ザ・スモール・スクール（小さな学校）〟

学校で何を学ぶのか

最初の日がきて、九人の生徒とその親たちが集まった。まず私たちはこう自問した。「私たちの学校は、ほかの学校とどこが違うだろう？」その答えは次のとおり。「この学校はほとんどの子が歩いて通う。キッチンも教室のひとつ。生徒全員が料理を手伝う。ランチには健康によい新鮮な食べものを食べる。菜園で生徒は野菜やハーブや花を育てることを学ぶ。学校にサッカーやクリケットのグラウンドがあっても畑がないのはなぜだろう？　学校には畑とキッチンがあるべきだ」

イギリスの学校の多くでは、どこか遠くの業者がランチをつくって、トラックで運んでくる。これは妙なことだ。すべての生徒が自分でヘルシーで栄養価の高い食事を用意することを学ぶべきだ。食を通して、歴史や化学、そして数学を学ぶべきだ。私たちの「スモール・スクール」はこう宣言した。「私たちが教えるのはシェークスピアやダーウィン、ニュートンやガリレオだけではありません。数学、科学、英語に加えて、料理、畑仕事、家づくり、裁縫、修繕、木工、写真、音楽をも教えます」。それが学校のカリキュラムだった。めざしたのは試験勉強のための工場ではなく、自分自身を発見する場所だ。

こうした考えかたは、開校までの数か月、親と先生たち、そしてここに通うつもりの生徒たちが討論を重ねたすえにできあがったものだった。開校の日にその宣言を聞いたみんなは、とてもよろこんでくれた。

知識が大切だということには、もちろん私たちも同意する。ただ、その知識は経験によって裏うちされるべきだと考える。物理学、化学、数学、進化学、哲学、心理学、神学…。これらはただの言葉だ。ほんとうの知識は言葉を、理論を、概念を超えたところにある。ほんものの理解は経験からやってくる。だから、私たちの学校では、知識を経験と融合させようと、カリキュラムのなかにアート、工芸、物語、神話などの授業を、科学や数学と同じくらい入れることにした。

「スモール・スクール」は私立の全日制の学校として三十六年間続いた。やがて、その理念を一部受け継いだ州立学校が同じ地域にできることになり、無償で通えるようになった。「スモール・スクール」は引き続き、その校地と建物を使って、夜間、週末や祭日の自習校として継続している。

おとなのための小さな学校

「スモール・スクール」ができて何年か経ったころ、人びとがこう言いだした。「おとなのための学校もつくったら？」それが、シューマッハー・カレッジをつくる動機になった。

一九九〇年、私がデボン州のダーリントンにシューマッハー・カレッジを創設しようと考えていたとき、こう言う人たちがいた。「きみの考えは理想主義だ。いったいだれが、きみの言うエコロジーやスピリチュアリティ、アートとか、ホリスティック哲学とかを、お金を払って学びにきてくれるだろう？」多くの人が、そんな学校ができても、二、三年しか続かないだろうと思っていた。それがどうだろう。二十八年経った今も、多くの学生が集まってきていることをありがたいと思っている。

シューマッハー・カレッジの存在理由は、創立当時も今も、とてもシンプルなものだ。これまでの主流の教育体制は、現代の消費社会を応援し、支えてきた。とくに大学は、軍需産業を支える役割を担っている。若者たちは経済的、物質主義的にものを考えるよう条件づけられている。自然は、自分たちが征服し、好きなように利用し、いい生活を続けるためにある、と教えこまれる。人間はもっとも優れた生物種であり、自然をどうしようと自由だ、と。実際、大学を出た人の多くは、自身の金儲けや快適な暮らし、社会的な成功のために、自然や他人に迷惑をかけることになる。この物質主義の現代にあっては、社会的不公正と環境破壊とは一体になっている。

この状況に挑戦しなければならない、と私たちは思った。やりかたはいろいろあっただろう。それについて声を上げること。本を書くこと。でも、それでは不充分だ。なにか、違うやりかたが、もっといいやりかたがあるのだということを示せる何かを始めなければならない。若者たちに、自然や他人を搾取するしかないと思いこませなくてもよいのだ。彼らは、私たち人間もまた自然の一部なのだということを、そして自然と調和した生きかたがあるのだということを学ぶ。シューマッハー・カレッジをつくった理由はただそれだけだった。それは、エコロジーを教える場所であるだけでない。学生がエコロジカルな生きかたを実際にやってみる場所だ。

家としての、コミュニティとしての学校

ふつうの大学では、エコロジーという言葉の意味はとても狭く定義されている。（日本語で生態学と訳される）エコロジーは、ふつう、ある生命体と、それをとり巻く環境との関係を研究する分野のこと。シューマッハー・カレッジではそれをもっと広く定義する。「エコ」はもともとギリシャ語で「家《ホーム》」を意味する。個人が住む家同様、地球も私たちにとっての〝家〟だ。そして、シューマッハー・カレッジはたんにエコロジーを学ぶ場所であるだけではなく、それ自体が家なのだ。そういうものとしてシューマッハー・カレッジはデザインされている。

「世界がこうなればいいと思う、その変化に、あなた自身がなりなさい」。このガンディーの標語にならうことにした。カレッジにやってくる人たちは自分の家にいるようなくつろぎを感じられるようにしよう。ここで過ごす人はだれでも食事のしたくを、畑仕事を、自分の部屋の掃除や片づけをする。

ふつうの大学では、教室に行けば、壁には黒板、机にはコンピュータのスクリーンがあり、講義をしてくれる教師がいる。授業が終わると、学生はアパートか寮に戻って、そこで暮らす。つまり、学ぶことと暮らすこととのあいだには関係がない。しかし、このふたつはもっとつながり、混じりあっているべきではないだろうか。理論と

実践は合流すべきだろう。この考えかたをホリスティックな教育という。ラーニング・バイ・ドゥーイング、つまり、「すること」を通して学ぶのだ。

シューマッハー・カレッジは家であると同時に、コミュニティだ。自然と人びと、そして周辺地域との調和を、私たちは目指す。お互いを敬って、助けあい、支えあうことを学ぶ。いわば、地球という家、そして自然というコミュニティを身近なところに小さく実現するのだ。

シューマッハー・カレッジの理念

シューマッハー・カレッジの教育の特徴は教員と学生がパートナーとして一緒に活動することだ。学生が教師の知識を消費するという関係ではなく、ともに探求し、ともに成長するパートナーの関係。教員はインスピレーションを与え、鼓舞し、学生たちの内なるろうそくに火を灯す。

何よりもまず、自然が私たちの先生だ。そして人間の先生として、ジェームズ・ラヴロック、ステファン・ハーディング、ヴァンダナ・シヴァをはじめとした教師陣、そしてそのときどきの客員教員がいる。少なくとも週に一度、学生たちはダートムーア国立公園、海岸、森林で時を過ごし、自然から学び、自然に身を浸す。

シューマッハー・カレッジでは、さまざまな国籍の、性格も宗教的な背景も異なる

三、四十人の学生たちが一緒に暮らす。長いあいだにはブラジル、日本、中国、チリ、メキシコ、マレーシアなど合計九十もの国々からやって来た。それは、互いへの寛容と優しさ、異なる言語と文化を祝福しあうことを学び、信頼と愛情をもって語ることを学ぶ場だ。言葉は傷つけることも、癒すこともできる。だから、話すアートと聞くアートを学ばなければいけない。シューマッハー・カレッジでは、友愛に満ちた言葉によって、信頼をつくりだすことを学ぶ。

三つのH

もちろん、料理のアート、掃除のアート、畑仕事のアートなどさまざまな実用的な技術を学ぶことも大切だ。**手は偉大なる贈りもの。**この手で、私たちは料理し、庭仕事をし、書く。手は変化をつくりだす道具。手を使うということに私たちは敬意を払うべきだ。しかし今の世のなかにはなぜか、手を使って働くのは教育程度の低い人たちのすることだといった先入観がある。コンピュータのプログラムをつくったりする知的な仕事ができない人たちの仕事だ、と。肉体労働や、庭仕事、農業に従事する人たちの時給が一〇ドルほどなのに対して、銀行、政府、企業などで働く人や専門職に就いている人だと一時間に数百ドル稼いでもおかしくないという。いかに手仕事の価値がおとしめられているかがわかる。でも私たちはそこに高い価値をおく。

また、こころを〝耕す〟こともシューマッハー・カレッジは大切にする。お互いを思いやり、慈しみや共感のこころを育てるのは、教育に必須の要素だ。こうしたこころの発展なしでは、教育は不完全なものにとどまる。私たちが大事にしたいのは、「頭（Head）」と「こころ（Heart）」と「手（Hands）」の三つのHのあいだのバランスだ。これを実現するために、教師は身をもって、「考えること」「感じること」「つくること」の大切さを示し、生徒を導く。

二十八年のあいだにたくさんの人がシューマッハー・カレッジで学んだ。卒業生リストには一万七千人が載っている。彼らは学び、自己変革を遂げ、世界の変革の担い手となった。

『スモール・イズ・ビューティフル』という本の著者の名を冠したシューマッハー・カレッジは、やはり小さい規模を保たなければならない。だが、同様の理念をもつ教育機関が、ほかの国々にも現れている。そうした学校は、それぞれの国の文化や精神性の土台の上につくられるのがいい。大事なのはホリスティックな考えかたであり、いかにコミュニティや社会、そして地球のためになるかを学ぶ姿勢だ。こうした新しい学校が世界中あちこちに現れ、緩やかなネットワークとなって互いに支えあいはじめている。

そして世界へ

勉学、仕事、瞑想、創造的な活動などが溶けこんだホリスティックな生活を経験することを通して学生たちは成長し、脱皮する。その変化した自分をもって世界を変化させる道を見いだすために、彼らは世界へと出てゆく。

シューマッハー・カレッジを巣立っていく学生たちに、私はこう呼びかける。雇用を求めるのではなく、自分自身の仕事と生きかたを創造してほしいと。事実、多くの学生はそれに応えて、書店、自然食レストラン、自然食料品店などを立ちあげたり、庭師や作家になったりしている。国連の気候変動プログラムに関わる仕事を始めた人たちもいれば、「炭素公開プロジェクト」などの環境NGOを創設した人たちもいる。「地球の友」、「グリーンピース」などの環境団体、「オックスファム」などの貧困支援組織に入った人もいる。多くが、なんらかのかたちで変革の主体たろうとして働いている。世界をよりよい場所――だれもが人と自然からの搾取を最低限にし、逆に、スピリチュアリティと持続可能性とシンプリシティを最大限にするような生きかたができる場所――にするための手助けをしている。〝軽い生きかた〟を習得し、より少ないモノで、地球の環境資源への負荷《フットプリント》をできるだけ小さくしようと。

私は学生たちに、よくこんなことを言う。

「胸を張って世界に出ていきなさい。**職を探すのではなく、自分で仕事を、自分の生きかたをつくる**んです。アーティストのように、カルマ・ヨガの行者のように、生きてください」。職業をもつことと生活することは違う。職にはお金のために就く。そうしたいかどうかに関わらず。でも、生活するとは、ほんとうにしたいと思う活動をして、そこに生きがいを感じること。お金はその活動の副産物にすぎない。もちろん、お金は必要だが、私たちが働くのはお金のためではないはずだ。

学生たちには世界へ出て、より大事なことのために働いてもらいたいと私は思う。想像力を発揮して、地球のために仕えたり、こころのなかに大切に育んできた価値や理想のために働いたりしてほしい。職業が同時に天から与えられた使命だと感じられるといい。しかし現代社会では、天職はせいぜい週末に、趣味として詩を書いたり、絵を描いたり、畑仕事をしたりして楽しむ。でも平日のあいだは辛い職業に耐える。お金を稼ぐために。私はこの職業と天職とを切り裂いている傷が癒されることを望んでいる。学生たちには天職と感じられるような仕事を、職業の名に恥じないように、立派にやってほしい。このふたつが融合したとき、それは「よき生活」となるだろう。

ほんとうの学びとは

ほんとうの学びは、経験が感動を生むときに起こる。たとえば、学びが自分の人生に役立つことを知ったとき、自分自身を表現できたとき、自分がコミュニティの一部であると感じたとき…。

学びは時間との競争ではない。それは人がいま経験していることに身もこころもしっかりと向きあったときにおのずからやってくる、発見のプロセスだ。そうなるためには、プレッシャーを感じることなく、自分なりのペースで学べるような、くつろいだ空気が必要だろう。スローでシンプルな学びを祝福する雰囲気が。学びは、試験に受かるとか、いい成績をとるとかとは関係ない。それは、自己実現の過程だ。

ぜひ覚えておいてほしい。ほんとうの学びは教室の四角い壁の中で起こるものではない、ということを。人生はつねに学びの場であって、いわゆる学校教育は、日常の教育の補足としてつけ足されているにすぎない。学校教育はあってもいいが、それに過剰な評価を与えないほうがいい。今の社会のように、学歴のある者が上にたち、そうでない人が蔑まれるようなことは許されるべきではない。

エコリテラシーをとり戻す

学びのアートの真髄は、好奇心を育むことだ。学ぶこころは、初心のこころ構え。人生こそが、自然こそが私たちの大学だ。

たとえば、環境学者デヴィッド・オアとフリチョフ・カプラの議論と活動は、環境教育を通して、学ぶ人がいかに自分自身を変革するか、というテーマについて多くを教えてくれる。近代的な教育は、人生や自然についてのほんとうの知識を人びとに与えてこなかったと論じてきた彼らは、実際に、カリフォルニア州のバークレー市に、「エコリテラシー・インスティチュート」という教育センターを設立した。彼らによれば、私たちは都市文明のなかに生きている。ますます多くの人が、自然の豊かな環境やいなかをあとにして、移り住んだ都会では、車やコンクリートの建物に囲まれ、自然界から切りはなされてしまった。その結果、人びとは〝自然音痴《エコイリテレット》〟となったのだ、と彼らは言う。

自然理解《エコリテラシー》は、もちろん、自然のなかで育まれる。それは、自分の身とこころで自然を経験することでしか、手に入らない。

エコロジーとエコノミー

もう一度地球とのよい関係をとり戻すためには、まず、地球が自分の「家」であると知ることだ。すでに触れたように、「エコ」は「家《ホーム》」を意味するギリシャ語の「オイコス」からきている。古代ギリシャの賢者たちにとって、この「家」という言葉はたくさんの意味の層をなしていた。それはまず、自分が暮らしている場所。それは、寝室、浴室やトイレ、台所、庭などからなっている。次に自分が暮らす村、あるいは町。

地域や国。さらに私たちみんなが暮らすこの地球という惑星を「アース・ホーム」として考える。地球こそが、すべての家の土台、大もとの家なのだ。「家《オイコス》」に、「知識《ロゴス》」というギリシャ語をつけて、「エコロジー」という言葉ができた。それは、「エコリテラシー」という言葉と同じように、「家を知ること」を意味する。

また「家」はつながりの場所でもある。私たちはそこで、親、兄弟姉妹、夫、妻、友人、客人たちとつながりながら暮らす。「家」を知ることは、つながりを理解することによってもたらされるというわけだ。

経済を意味する「エコノミー」という言葉も同じ「オイコス」という言葉からきている。「ノミー」のもとはギリシャ語の「ノモス」で、「営むこと」や「やりくりすること」を意味している。家をやりくりするには、まず家を知ることが必要だろう。大学という場所では、たくさんの人がエコロジーを学ぶことなく、経済《エコノミー》を学んでいる。〝自然音痴〟が多いのも無理はない。

ロンドン大学のロンドン・スクール・オブ・エコノミクス（LSE）で講演を頼まれたときのことだ。まず私はこう尋ねた。「エコロジー学科はどこにあるのですか」と。その答えは「この大学にはありません」だった。私はこう言った。

「学生たちにエコノミクスを教えている、つまり、家をどうやりくりするかを教えるというのに、エコロジー、つまり、その家がどんなふうにできているかを教えないのですか！　知りもしない家をどうやって営むのでしょう？」

エコロジーはエコノミーの前に、少なくとも、両方を一緒に学ぶべきだ。それは二本の脚を使って歩くようなもの。そうしなければ世界中の経済が破綻につぐ破綻をくり返すのも無理はない。

経済危機、環境危機、地球温暖化、人口爆発、資源枯渇…。なぜこうした問題に私たちは見舞われるのだろう。それはエコロジーのないエコノミーだけで、前へ進もうとしてきたからに違いない。この辺で、腰を下ろして、ひと息入れよう。そして、こころを決めてエコロジーとエコノミーという両方の脚で歩きだすのだ。家のことをよく知っていれば、それをよりうまくやりくりすることができる。その家にどんな制約があるかもわかる。その条件にかなったシンプルな生きかたができるだろう。私は、ＬＳＥという学校名を少し変えて、ＬＳＥＥ（ロンドン・スクール・オブ・エコロジー・アンド・エコノミクス）とすることを勧めた。でもこれは、彼らにとってあまりに過激（！）だったようだ。

自然のサイクルから学ぶ

経済学者と産業界の人びとにはエコリテラシーが欠けている。生態系の限界というものを彼らは知らないようだ。まるで明日という日がないかのように、石油や鉱物などさまざまな原材料をとるにまかせている。エコリテラシーがあるなら、地球への理解があるなら、資源には限りがあることがわかるはずだ。有限の地球から原材料を求めつづけ、取りつづけることはできない。エコリテラシーに基づく経済学によれば、私たちの家である地球には、住人のだれもが従うべき自然法則があることが理解できるはずだ。エコリテラシーを欠く経済学者たちが無視している自然の第一法則は、**自然は直線的に進むものではなく、循環するものだ**ということ。現代の経済は自然資源をとり出し、使い、ゴミとして廃棄する。しかし、**自然界には、ゴミというものがない。季節は巡り、地球は回転し、自然は輪を描きながら循環していく。**

　エコリテラシーによって、自然のすべてがサイクルを描くことを、だから、すべてがリサイクルされなければいけないことを理解する。ゴミが出ること自体がおかしいし、自然の法に背いている。自然のものならなんでも、落ちれば土に還っていく。秋になれば、枯れ葉や果実が落ちて、再び大地の一部となり、土を肥やし、ミミズの食べものとなる。土は炭素を貯蔵する。生命を育むために、炭素をとらえ、吸収し、保管する。その炭素が木の根、幹、枝をつくる。そして春がまたやってきて、樹液はのぼり、花が咲き、果実がみのる。

「生まれ変わり」は宗教的な考えであるだけでなく、自然法則なのだ。これを理解するのがエコリテラシーだ。

残念ながら、ほとんどの大学生はエコリテラシーをもたないまま卒業していく。彼らが社会に出て仕事をするようになるとどうなるだろう。ゴミが増えるのはもちろん、自然を損ない、数々の環境問題を生みだすような経済ができあがってしまう。水や大気の汚染、土壌の流失、資源の枯渇、そして気候変動といった問題について、政府で、企業で、産業界で働くこうしたエコリテラシーのないエコノミストたちの責任は大きい。

若者が学ぶべきこと

はだかの知識というものは危険だ。核兵器を発明したのも、遺伝子組み換えにとり組むのも、高い教育程度を誇る科学者たちだ。この世界のほとんどの問題は高度な教育を受けて、何十万ドル、何百万ドルというお金を稼いでいる人たちが生みだしたもの。その結果、世界は危機に立っている。今や、エコリテラシーは社会全体にとっての責務だ。

学生は、週に一日は自然のなかで過ごすべきだろう。川辺にたたずみ、木の下に腰かけ、野山を歩き、自然から学ぶ。自然そのものがもっとも優れた先生だ。エコリテラシーを身につけようという**大学生は、自然という書物を読まなければならない。それこそがもっとも偉大な本だ。**聖書やコーランやバガバッド・ギータよりも、シェークスピアやダーウィンよりも偉大な本。優れた預言者も作家も、自然からインスピレーションを受けている。『お気に召すまま』で、シェークスピアは言った。「木に舌があり、走る小川には本、石に説教、そしてすべてのものに善がある」

詩人ジェラルド・マンリー・ホプキンスは「インバースネイド」という詩でこうつぶやいた。

「どんな世界だろう、
湿地と荒野の消えた世界？
放っておいて、ああ、そっとしておいて、
湿地と荒野を
幸あれ、雑草と野生に」

そして、ワーズワースはこう書いた。

「私の想いは、ただひとり、
谷と丘の上を、あの雲のように漂っていた
そのとき、水仙の群れ、

黄金の集団が目に入った。
湖のかたわら、木々の足もと
風に揺れ、踊っている水仙」

彼はずば抜けたエコリテラシーをもつ詩人だった。

優れた芸術作品や文学作品はみな、エコリテラシーに恵まれたアーティストから生まれた。ヴァン・ゴッホはヒマワリの花の前に座ったおかげで、自然の美を描けるアーティストになった。ヒマワリがなければ、ゴッホもいなかったろう。でも人びとがほんもののヒマワリの価値を認めることはめったになく、四千万ドル以上するゴッホの「ひまわり」の市場価値のことばかりを気にかけている。人びとは展覧会には行く。でも生きているヒマワリの前に座ったり、自然を眺め、もの思いにふけったりする時間はないと言う。

モネはスイレンを描きたいと、庭園をつくった。描くときに、自然を近くから、隅々にまで親しみを感じながら、見つめることができるように、と。彼はスイレンをくる日もくる日も、何時間もかけて観察した。アートも詩も、自然をめぐる瞑想だ。

ダーウィンは自然のなかに身を浸すようにして、ミミズを研究した。そうした親密な自然観察から彼の進化論は生みだされた。私たちは自然から生まれたのであり、私たちは自然なのだ、と彼は信じていた。でも、このダーウィンの大切な原点は忘れられ、その理論は「適者生存」論と誤解されている。今では、多くの大学で、自然は単なる学問の対象へとおとしめられている。頭の古い科学者はいまだに弱肉強食という自然イメージに縛られている。フランシス・ベーコンをはじめとする科学者たちは、人間が自然を操作し、征服すべきだと考えてきた。自然を信頼するかわりに、自然の秘密を盗め、というのだ。

ニュー・サイエンスの目覚め

幸いに、科学の世界も目覚めつつある。ニュー・サイエンスと呼ばれる新しい科学は、人間と自然のあいだに調和を見いだしている。「ガイア科学」を打ちたてたジェームズ・ラヴロックやリン・マーギュリスをはじめとする科学者たちによれば、地球はみずからを制御することのできる〝よき《ビナイン》〟システムだ。そして、その地球を搾取の対象として扱うのではなく、そのシステムと調和する生きかたを学ぶことこそが、私たち人類の責任なのだ。

ラテン語からきたネイチャーという言葉のもともとの意味は「誕生」――母親が出産前に受ける検査を、出生前検査《プリネイタル・チェック》というが、その「ネイタル」と同じだ。私たちはみんな誕生してきたものたち。だったら、自然とは自分の外のどこかにあるもの、などとどうして言えるだろう。木、鳥、蜂、果実、草、川、山は自然だけど、私たちは違う、などと？

人間中心主義との決別

まず自分たち人間を自然から切りはなす。そして人間を自然より上に置く。自然はただ人間の役に立つためにあると思いこむ。木は人間に使われるために立っている。あの木はいい木だ。売れば五百ドルほどになるし、実を生らせ酸素もくれる。その木の価値は、人間にとっての使用価値だ…。なんという傲慢さだろう。こういう尊大な思いこみにもとづいて、私たちは自然に対して何をやってもかまわないと考えるようになった。熱帯雨林をなぎ倒しても、河川を汚しても、海の魚を乱獲しても、有毒物質で農地を汚染してもかまわない。人類は他より優れた種であり、地球の主だから。進歩的な政治グループは、国家主義《ナショナリズム》、男女差別主義《セクシズム》、人種差別主義《レイシズム》などに反対して闘ってきたが、私たちは人間優先主義《スピーシーシズム》にどっぷり浸かったままだ。私たちにとって自然は自分たちより劣った、しものよう。人間の奴隷は解放しても、自然という奴隷はそのまま。動物の扱いかたをみればわかる。家畜工場に詰めこんで、いかに残酷な目に遭わせているか。これもみな人間の集団的自我《エゴ》、自己中心的世界観が生みだした現実だ。

今こそ、私たちはエコリテラシーをもって、自我中心《エゴセントリック》から自然中心《エコセントリック》へと、世界観を転換しなければならない。「エゴ」は自然を所有物とみなし、「私の土地」「私の木」「私の森」などと言う。私が所有者であり、主人だと。そういう自我中心の見かたに対して、自然中心の世界観では、自然に所有関係《オーナーシップ》などはなく、あるのは協力関係《リレーションシップ》だけ。自然のなかでは私たちを含むすべてが関係しあい、つながっている。だれにとっても地球は家。みんなが地球コミュニティの、地球家族の一員なのだ。**すべての生きものが人間と同じように存在の権利をもっている。**

今語るべきは、人間の権利より、人間の責任についてではないだろうか。地球環境を破壊しない、汚染しない、傷つけない、という責任について。それがエコリテラシーというものだ。

教育は引きだすもの

エコリテラシーを教育のなかに迎えいれるために、教育という言葉が本来もっているはずの深い意味を理解しよう。世間に広まっているのは、生徒や学生を空っぽの容器とみなし、それにいろいろな情報や知識を詰めこむのが教師の責任だとする見かただ。しかしこれは教育とはいえない。「教育《エデュケーション》」という言葉はラテン語の「エドゥカーレ」からきている。その意味は、すでに中にあるものを「外へと導く」、あるいは「引きだす」ということ。隠れている可能性が開かれるように、潜在しているものが顕在化するように…。

システムとして組織され制度化された近代教育が育てるのは、技能をもたない人、自律して生きる自信をもてない人、他者のために奉仕することを知らない人。そして、もっぱら機械や書類を相手にするような職を求める人たちを生みだしている。

人間はもはや機械を使いこなす主人ではなくなり、機械が人間の主人となっている。人の手は機械に置きかえられたが、しまいには、人間が丸ごとロボットという機械に置きかえられてしまうのではないか。近代教育は、身体的技能を人間から奪っただけでなく、人間の非人間化をも引き起こしてしまったようだ。

もう一度、事実を感情と結びつけ、単なる情報を知識へと高めるためには、ラーニング・バイ・ドゥーイング（することによって学ぶこと）という考えかたをとり戻すこと。つまり、頭（Head）、こころ（Heart）、手（Hands）の三つのHの調和が必要だ。**知識と経験とが出合うところにこそ知恵が生まれる。**教育の役割は消費者の数を増やし続けることではない。人びとが技術やテクニックとともに直感と想像力を駆使して「もの」や「こと」をつくりだす、創造者たちとなることを手助けすることだ。

さあ、教育の本来の意味をとり戻そうではないか。それは自分自身を発見するプロセスとしての教育。それは一種の冒険の旅。問題から逃げるのではなく、それにしっかりと向きあうこころ構えをもつことだ。問題に向きあうことなしに、それを解決するための想像力は働かない。快適な教室で情報を、立派な図書館で知識を得ることはできるだろう。でも**経験は、人生という嵐や、自然という荒地に出てはじめて自分のものとなる。**

シンプルでありながら、意味深く、創造性豊かで、想像力にあふれた生きかたを望むなら、ぜひ新しい教育へと向かっていこう。わがままな個人主義から、他者から、世界から〝切りはなされた自己〟という思いこみから、自分を解放してくれるような教育へと。よいつながりという土壌があってこそ、〈エレガント・シンプリシティ〉は育つ。この「よい関係」というテーマについて、次の章で考えていくことにしよう。

簡単なやりかたが、いいやりかたただ

――ブルース・リー（武道家、俳優）

第6章

よき関係

私たちはみな、つながっている

義務によるつながりには尊厳がない

——ウェイン・ダイアー（著作家）

アイデンティティはつながりのなかに

〈エレガント・シンプリシティ〉は「よき関係」というしっかりした土台の上にしか成りたたない。精神的、個人的な危機も、社会、経済、環境、政治、文化、そして宗教をめぐる危機も、みな関係性の破綻と分離に根をもっている。そして、すべての物事が関係しあっている、あらゆるものがほかのものに依存している、ということがわかった瞬間、解決への道すじが見えてくる。なぜ、パレスチナとイスラエルのあいだに、スンニ派とシーア派のあいだに、アメリカとロシアのあいだに、インドとパキスタンのあいだに、キリスト教徒とイスラム教徒のあいだには、危機的な状況があるのか。それは、「あの人たち」と自分たちはちがう、別の存在だ、とする「分離」のこころがあるからだろう。もしも人びとのあいだのすべてのやりとりが友好的な関係性の枠のなかにあれば、一つひとつの行動に忍耐、受容、寛容、ゆるし、親切などのこころが宿るだろうに。

私は二十六歳の頃から、二年半かけて世界を巡礼した。一万三千キロメートルの道を、無銭で歩けたのは、すべて行く先々で出会った人びとのもてなしのおかげだった。こんなことがなぜできたかといえば、それは私のこころのうちに「分離」がなかったからだ。すべての存在が私にとっての家族であり、友だち。地球は丸ごと、私の家。

私たちの、ほんとうのアイデンティティとはなんだろう？　それは人間というコミュニティの一員であること、そしてもっと大事なのは、地球コミュニティの一員である、ということだ。

すべての生物種がともに進化してきた親戚同士としてつながりあっているということを理解しなければならない。太陽は土を照らし、土は木々を養い、木々は鳥を養い、雨は木々を養う。**すべての生きものはお互いを養いあっている。これがエコロジーだ。**

数値化できないもの

このつながりは計測したり、計量したりすることはできない。生態系サービスという言葉がある。自然資源を金銭的な価値で測ろうというわけだ。でも、私は言いたい。「私がたった今吸いこんだ空気にどれくらいの値をつけたらいいでしょう？」と。このほんの小さなひと息の価値をどう測るのか。その生態系サービスとしての価値はどれほどか。いやいや、だれにも、呼吸の価値を測ることなどできはしない。お母さんが赤ちゃんに与える母乳はいくら？　五ドル、あるいは一〇ドル？　もちろん、母乳に値段をつけることはできない。それが理解できれば、金銭的な価値よりも、「関係性《リレーションシップ》」が大事なのだということがわかる。

ほんとうの経済について

まっとうな経済のありかたとは、地球という家に住むすべての生きものが「よき関係性」を保てるようにすることだ。しかし今、人びとは経済というもののほんとうの意味を知らないらしい。国の財務省や財務大臣が経済について語るとき、彼らの念頭にあるのは財政や銀行、そしてお金のことだ。それは経済学ではなく、お金学にすぎない。**ほんとうの経済学は土地、労働、資本について語る。この三つが経済の基本だ。**

土地は、経済の第一原理であり、自然界全体を代表している。すべては大地からやってきて、すべてが大地へと還っていく。その大地と、そしてそこにある樹木、河川、山、森、土、動物や魚と、どうつきあっていくのか、というのがほんとうの経済の土台だ。ところが政府は、自然環境を守ろうとすれば経済成長の障害になる、と言う。その自然環境がなければ、そもそも経済などありえないというのに。

経済の第二原理は労働だ。労働とは要するに人びとのこと。そして人びとのもつ想像力、創造性、その技能。それこそがほんとうの意味での富だ。経済をつくり、維持するのはその人びとである。だから、人びととのよき関係、そして人びと同士のよき関係が、繁栄する経済にとって必須となる。

第三の原理は資金としての資本だ。お金は富を測るものさしであり、ちょうど、ある領域を探索するのに必要な地図のようなもの。地図を領域そのものとまちがえてはいけない。同様に、お金は富の地図だが、富そのものではない。家を建てるのに百万ドルかかるとしても、お金は家ではない。お金のなかに住むことはできないが、家には住める。

　このように資本とお金は経済のなかに場所を占めている。それは交換やもののやりとりを助ける。でも、資本やお金にそれ以上の力をもたせ、経済システム全体を支配させてはいけない。**近代的な貨幣経済は土地と労働を商品へと変えてしまい、今や、金儲けが経済のただひとつの目的になってしまった。**その結果、土地と労働の価値が縮減してしまった。私たちに必要なのは、世界の全体像という広い視野にたって、土地・労働・資本に、それぞれふさわしい価値をおく新しいしくみだ。

分断された社会

　私たちのからだは、頭で考え、こころで感じ、目で見て、鼻で嗅ぎ、舌で味わい、耳で聞く。でもそこに分離はない。すべての器官は統合され、一体となって働く。からだはミクロな宇宙、つまり、宇宙全体がからだのなかで展開して、絶えまなく関わりあい、交わりあっている。

　いっぽう、経済のほうはどうだろう。財務は倫理から、環境は人びとから、切りはなされている。この「分離」こそが、現代世界が抱える最大の問題だ。それを解決するには分離されたものをつなげるしかない。すべてをつなげ直すことだ。私たちが他の人間たちと、そして人間以外からなる世界とよい関係で結びつくことができれば、自分自身との、そして多様性に満ちたこの地球との調和がもたらされるだろう。

「よき関係」は多様性なしにはありえない。多様性が差別や分断に変質させられてはいけない。分断とは、たとえば、あなたが左で、私が右にいるとして、そのどちらかいっぽうが他方より優れていると考えること。でも、右の羽と左の羽は同じ一羽の鳥のもの。どうしてそのいっぽうの羽を切りおとす必要があるだろう？　私たちにとっては左手も右手も同等の価値がある。右と左とがよい関係性で結ばれているとき、そこには「欠けることのない全体」が現れる。そのとき、すべての危機は、好機へと変貌する。

友情

「よき関係」が住む家は友情《フレンドシップ》という土台の上に建てられる。友情こそ、すべての関係性《リレーションシップ》のなかで最良で、もっとも純粋な形だと言っていい。私自身のことを言えば、私がこれまでにした仕事はすべて友情から生まれた。四十年間携わった『リサージェンス&エコロジスト』誌の編集という仕事もそうだった。いったい何人のよき友が、この雑誌に文章やアート作品を寄せてくれ、財政的な支援をしてくれたことだろう。「スモール・スクール」も「シューマッハー・カレッジ」も友情から生まれたものだった。

友情こそ、私の人生の第一原理であり、なくてはならないものだ。食べものと友情のどちらかを選べというなら、友情を選ぶ。私にとって、友情は生きる糧であり、スピリチュアリティの極致である。友情は無条件であり、そこには「もし…」も「ただし…」もない。だれかが友であることに理由はいらない。互いに友だちでいたいから、私たちは友だち。つまり、友情とは「期待することのない受容」を表現するものだ。与え、そして受けとる。友情は深い感謝に根ざしている。

友人たちは「イエス」としか言わない。友情には「イエス」しかないのだ。だれかが友だちとして私に助けを求めたときには、私はいつも「イエス」と言う。逆に友の手助けを求めたときには、私の経験では、一度として断られたことはない。

私の友情は人間とだけ結ばれているわけではない。自然もまた友である。木の、花の友だち。蜂の、ミミズの、ナメクジの、カタツムリの友だち。雑草も私の友だち。

インドにはこんな言いかたがある。十六歳を過ぎたら、もうあなたの子どもは子どもではなく、友だちである。「息子」、「娘」より「友だち」がいいのは、「息子」や「娘」という言葉には、期待が込められているから。「私の子ども」には何かを期待してしまいがちだ。子どもたちのほうも親に何かを期待する。友だちであれば、お互いに何も期待しない。互いに相手を尊重することができる。このことは私と妻の関係にも言える。彼女は私の友だちだ。私たちの関係は、所有の関係ではない。**愛は解きはなつ力であって、縛りあう力ではない。**そうした愛にもとづく結婚に、執着はない。そこでも、よき関係は受けいれることと、期待から自由であることによって可能となる。

私が住む村はやはり私の友だちだ。私はそれをありのままに受けいれる。あれこれ文句を言わない。村が大好き、そこに住む人びとも、谷間も、木々も。風景もいい。大西洋も近い。海も私の友だち。地球全体が、そして全世界が友だちなのだ。私の人生に、私の住む社会に、世界に、よい変化をもたらしたいという願いもまた友情から発している。

私の家は私の友だち。家が手入れを必要とすれば、私は掃除し、修繕し、ペンキを塗る。庭も同じこと。私は除草したり、土に堆肥をあげたり、一年休ませたり。私のからだが手入れや癒しを必要とするときにも同様だ。また、社会変革のための活動に参加している私は、社会に対してもこう言うだろう。「スローダウンし、仕事も急ぎすぎず、がんばりすぎず」。これらもみな友情だ。ブッダは言った。「速すぎても、強すぎても、道をまちがう」と。

ブッダが最後の呼吸をしていたとき、弟子のアーナンダはこう尋ねた。「どのように生まれ変わることをお望みですか?」ブッダはこう答えた。「預言者でも、先生でもなく、単に慈しむ者《マイトレーヤ》として。友だちとして生まれ変わりたい」と。友情のあるところにはいつも神がいる。神は友だちの姿をとってあなたのもとにやってくる。

理想主義者でありたい

あなたは私のことを現実離れした理想主義者と呼ぶかもしれない。そのとおり、私は理想主義者だ。ただ、あなたに尋ねたい。「では現実主義者たちは何を実現しただろう。戦争、貧困、気候変動？」現実主義者たちはもう充分すぎるほど長いあいだ世界に君臨してきたが、万人のための平和や繁栄を築くことに失敗した。ならば、そろそろ理想主義者にもチャンスを与えてはくれまいか。そして、友情を、人生や世界を設計するための原理としてみるのだ。もちろん、一〇〇パーセントうまくいくことはないだろう。理想郷《ユートピア》は無理だとしても、友情の力を最大限発揮させ、争いの力を最小限にしよう。敵をもつまい、つくるまい。そして敵になるまい。これは試してみる価値がある。「よき関係」をつくるには、友情にまさる道はない。だから、怒るまい、怒らせまい。

敵意、争い、怒り、孤立、寂しさ…。これらは人生をあまりに複雑にし、混乱させる。無垢な友情という土台の上につくられたよい関係性は、人生をシンプルでわかりやすいものにする。もちろん、友情とは、単なる礼儀正しさ、表面的な優しさ、人当たりのよさのことではない。**人と人とのつながりは義務ではない。それはむしろ、私たちの存在そのものの基盤だ。**関係性と友情は、正真正銘の、根源的《ラジカル》な愛から生まれる果実なのだ。次章では、愛がどうシンプリシティへと、シンプリシティがどう愛へと、私たちを導くかを見てみよう。

優美は、余計なものがすべてそぎ落とされたときに現れる
簡素であるほど美しい

——パウロ・コエーリョ（作家）

第7章

無限の愛

こころの優しさほど人を魅惑するものはない

——ジェーン・オースティン（作家）

自分を受けいれること

〈エレガント・シンプリシティ〉に、もっとも純粋で深い表現を与えてくれるのは愛の経験だ。愛は風のよう。見ることはできない。でも感じる。**愛するとは相手をありのまま、批判なしに、受けいれること。同じように、愛とは自分自身をありのままに受けいれること。**この受容を糧として、進化、展開、変化のプロセスに参加することができる。愛とは人生の流れ《フロウ》（flow）にのって、優美な互いの輝き《グロウ》（glow）のなかで、成長《グロウ》（grow）すること。

　何よりもまず、あなたはあなた自身に恋をしなければならない。多くの場合、人は自分を愛することなしに、ほかの人を愛したいと思ってしまう。しかし、自分自身に恋をすることではじめて、ほかのだれかに恋することができるのだ。

　パーティに行く前、あなたは支度をする。顔を洗ったり、髪をとかしたり。服を着て、いい靴を履いたら、さあ、出発。これと同じように、だれかに恋をしたいと思ったら、まず自分自身に目を向けるべきだ。恋に落ちるのは、あなた自身がしあわせな気分で、リラックスして、自由だから。

　キリストは言った。「あなた自身を愛するように、隣人を愛しなさい」。「あなた自身」という言葉が鍵だ。そこにほのめかされているのは、人を愛することができないのは、自分自身を愛していないから、ということ。他者というのは、自分の延長に過ぎない。自分を愛することはわがままではない。

ありのままの自分を受けいれることと、その自分を愛することで、ありのままの他者を受けいれ、愛することが可能となる。これが「あいだ存在《インタービーイング》」のありようだ。私たちはみな相互に依存しあう存在。お互い同士からできている。だから、自分を愛するということは他者からの分離や孤立を意味しない。

自己愛《セルフ・ラブ》はうぬぼれ、傲慢、我欲とは関係ない。利己的な「私」だけがその周りに壁をつくる。名声、人気、評価を求め、特権や権力、支配を求める。

世界を変える愛

土が果実や花や食べものの源であるのと同じように、魂は知性、想像力、愛、共感を育てる土壌である。土は、そのいっぽうで、雑草やとげなど、ザラザラで、ゴツゴツで、ギザギザの、不快に感じられるものも生みだし、魂は不安、悩みや苦しみを生む土壌ともなる。私たちはそのすべてを受けいれ、そして愛によって変容させなければならない。自己愛、隣人愛、人間愛、そして自然への愛は、切れ目なく連なっている。自分自身にもほかの人びとにも親切であろう。だれも苦しまなくてすむように。これが「ラジカル・ラブ」、世界を変える愛だ。

ラジカル・ラブでは、「愛する人がほしい」ではなく、「愛する人でありたい」。「愛している」と言うとき、私は無条件の愛を差しだしている。相手の人が私を愛するかどうかは、私が決めることではない。

無条件にロマンチックな愛を

いかに人を愛するか？　自分のやりかたで、それとも相手のやりかたに合わせて？　もしそれがほんとうの愛なら、「きみがこうだったら、ああだったら、きみを愛するだろう」とは言わない。**愛に条件をつけたとたん、ほんとうの愛は手をすり抜ける。**恋に落ちるとは、自我を放棄して、条件も期待もつけずに、「あなたをありのまま、丸ごと、愛している」と言うこと。それが純粋な愛、肉体、感情、魂にわたるほんとうの愛。無欲な愛。愛が無欲だなんてロマンチックじゃない、と思わないでほしい。もちろんロマンチックな愛はセクシャルな愛を含んでいるが、それにはとどまらない。ほんとうの恋愛とは、からだから魂までの全存在をかけたものなのだ。

ロマン派詩人のワーズワースは自然と恋に落ちた。ロマン派画家といわれるターナーは風景に恋をした。シェリーやキーツは人生を愛した。ロマンスは愛の一部であって切りはなすことができない。ワーズワースが花に恋したように、私たちは恋に落ちる。恋愛は一生に一度どころか、毎日のできごとだ。ターナーが海に、毎日恋をしたように。愛する人はこんなふうに言うだろう。
「あなたはなんて美しい、なんてすばらしい。あなたは魔法だ。あなたはまだ私とともにいてくれる。至らない、欠点だらけの、だらしない私と。なんて私は恵まれているのだろう。愛しているよ」

　合理主義の現代では、ロマンチックであるのはよくないこととされている。これはまちがっている。私たちは人生にロマンスをとり戻さなければいけない。実用主義的に愛を考えてはいけない。便利と便利が合わさって愛が生まれるのではない。愛はからだと魂の結合だ。愛しあう関係ほど貴重なものはない。異なる気質や文化習慣をもつふたりが一緒になることを考えてほしい。数々の違いを受けいれるのは容易なことではない。ふたりが一緒になるということは、ふたりが融合してひとつになるということではない。それは、互いのかたわらにいるため。１＋１＝２ではなく、１＋１＝11だ。「１」と「１」が一緒になって並べば、「11」となる。愛する者はこう言うだろう。「私はあなたを支えるためにここにいる。さあ、寄りかかって」

　子どものころからのしつけや教育のせいで、だれにでも、物事をするときのやりかたがある。だから、それぞれの人のやりかたを受けいれ、認めて、ほかのやりかたをその人に期待することをやめることから始めよう。それが愛情に満ちた、しなやかな関係性に向かう第一歩となるだろう。親密な関係においては小さなことが大切だ。ちょっとした意見のくいちがいが大きな衝突になりかねない。偉大な本は小さな美しい文からできている。偉大な愛の関係もちょっとした行為や小さな親切でできている。

性愛を祝福しよう

この世はセクシャルな愛なしには存在しない。男性と女性が寄りそい、違いを抱きしめ、キスをする。そして性交《メイク・ラブ》することで、受胎する。私たちのだれもが、セックスというこの性的な交わりによって産みだされてきたのだ。何も恥ずかしがることはない。私たちは性愛をよきこととして祝うべきだ。それをたたえて、歌い、詩を詠もう。自分のからだを相手に委ね、そして相手のからだを自分のうちへと受けいれるのはなんと美しい行為だろう。人間だけでなく、動物も虫も植物もみな同じようにこの親密な交わりを行っている。世界は愛の生物学を基本としてデザインされているのだ。オスとメス、シヴァとシャクティ、陰と陽が融合することなしに、いのちは存在しない。愛の交わりは宇宙的な原理。愛は生命とよろこびの源だ。

一つひとつの感覚は、それぞれ二重の目的をもっている。ひとつは生存。もうひとつは快楽を与えること。たとえば、食べものはからだにとっての燃料だとも言える。生きるためにビタミンやタンパク質を錠剤でとることもできる。しかし、単なる生存では充分とは言えない。食べものがよい味覚やよい香り、そして見た目にもよい色どりをもつように、世界はデザインされている。つまり、食べものは単に身体の持続のためだけでなく、よろこびの泉でもある。イチゴやリンゴ、焼きイモやご飯を前に、「わあ、おいしそう！」と言い、花の美しさにこころを動かす。音楽に、詩の朗読に耳を傾けて楽しむ。私たちの身体は、実用的な機能だけでなく、快楽のためにできているのだ。それはスポンジみたいに快楽を吸収する。

同じように、セックスは生殖であり、子づくりだが、同時に、その生殖行為のあいだにふたりが愛情を表現しあい、快楽、よろこびや楽しさを与えあうように、デザインされているわけだ。いつでもこの機能性と快楽は足並みをそろえている。人は愛という関係のうちに、神聖さ、美、敬意、畏敬とともに、自我の放棄を見いだすが、それらのすぐ横には、よろこびが住まっている。愛のないセックスは香りのない花か、水の枯れた井戸のようなもの。

インドでは性愛は神聖なものだ。シヴァ神を祀る寺院に行ったことのある人は、見たことがあるかもしれない。そこには、祭壇や聖像や聖画などの代わりに、女性性器と合体した男性性器をかたどったものが置かれ、人びとはそこに向かって礼拝する。この両性の性器はシヴァとシャクティという神々を表している。西洋にはロマン派の詩や絵画の伝統があるが、インドにはロマン派の宗教があるというわけだ。

インド中央部のカジュラーホーにある寺院では、八十四とおりの異なる体位で性交している男女の姿をあからさまに描いた彫像群を見ることができる。これは美術館でもナイトクラブでもなく、正真正銘の宗教寺院だ。人びとはそこへお参りし、神々の愛の行為に向かって祈るのだ。

インドでは女神なしに神は存在しない。シヴァにはシャクティ、ラーマにはシータ、クリシュナにはラーダをはじめ、ゴーピと呼ばれる多くの愛人たちがいる。

ヒンドゥー教の神々の名前を呼ぶときも、女性名が男性名より前にくることになっている。女性名のシータと男性名のラーマであれば、シータ・ラーマはあるが、ラーマ・シータはありえない。いつも女性名が先で男性名が後だ。同じように、ラクシュミ・ナラヤン、ラーダ・クリシュナもそう。ここには女性第一ということが示されているが、それは女性こそがこの世界を産みだす存在だから。母性こそが至上の原理なのだ。

ようするに、インドにおける愛の神は、男性と女性の性的な結合のうちに見いだされるということだ。こう言ってもいい、神とはすなわち愛の神であり、宗教は愛の宗教なのである、と。じつにシンプルではないか！

ヒンドゥー教の伝統には、タントリック・セックスと呼ばれる性交の方法がある。両者ができるだけ長いあいだオーガズムの状態にとどまることを目指す。信者たちによれば、オーガズムにこそ、超越と解脱の最高で完璧な境地がある。すべては停止する。

愛する人との合体は、同時に、愛する神との合体である。完全なエクスタシーと均衡状態が訪れる。そのとき、こころは二元性や分裂からいっさい解きはなたれる、と信じられている。

真実の愛は道そのもの

真の愛とは、絶え間なく、すべての瞬間に、愛のなかにあることを意味する。朝、起きたとたんに空や日の出の美しさに恋をし、花や蝶に愛おしさを覚える。砂の一粒にも神を見、草の一葉にも聖なる愛を見いだす。女性に、男性に、親に、子どもに、そしてみんなに恋をする。それは愛のための愛。動機はほかにない。愛の神だけをあがめる。

愛は手段であると同時に目的だ。それは道であり、目的地でもある。愛に至る道はない。愛こそが道なのだ。愛は生きかた。私たちは学ばなければならない、自分のすることを愛することを、そして愛することだけをすることを。孔子は言った。「自分が愛することをすることを選ぶなら、あなたはもう一日として働く必要がない」

不完全である相手を愛するのが愛。なぜなら、だれをも完全にするのが愛だから。あなたを愛している人を愛するのはたやすいだろう。でも、ほんとうの愛は、相手が愛してくれないときにも愛すること。いくじなしに愛は向いていない。愛には勇気と信念が要る。礼節と感謝の土壌に愛は育つ。

だが現代世界を支えているように見えるのは、怒り、自尊心、憎しみ、敵対心、そして争い。これら負の力は、私たち人間の暗い一面を表している。しかし、いちばん最後に私たちを支えてくれるのは愛の力だ。寛容、親切、信頼は、どれも愛の表現。生の本質は愛なのだ。

愛の力

あなたはどれくらい頻繁に怒るだろう？　一日一回、二日に一度、あるいは週に一度？　怒るとき、その怒りはどれくらい続く？　五分、五時間、あるいは五日間？　怒りや憎しみはたまにしか起こらないし、長くは続かないもの。長く続くのは愛のほう。愛は永遠なのだ。

世界には七十億以上の人が生きている。ある瞬間に、いったい何人が争い、暴力をふるっているだろう？　五百万人、あるいは一千万人？　その数はつねに全体からみれば少数だ。大多数の人びとは愛しあい、仲よく助けあったり、世話をしあったりして生きている。

独裁者や暴君は私たちの英雄ではない。何百万という人たちにとっての英雄であるブッダやイエス・キリストは愛の道を歩んだ。世界中の人びとがマハトマ・ガンディー、ネルソン・マンデラ、マザー・テレサ、マーティン・ルーサー・キングといった人びとを尊敬しているのは、彼らが愛の政治を説き、実行したからだ。だれがヒトラーやスターリンといった独裁者に見習いたいと思うだろう？　武器をもって立ちあがった革命家たちがたたえられるのも、彼らがふるった暴力のせいではなく、彼らの正義のための奮闘や民衆への愛のおかげだろう。政府が軍事的な力に頼るのに対して、ふつうの人びとは愛の力を頼りに生き、そのおかげでよりしあわせになれる。愛は単なる理想ではなく、実用的で、政治に活かすこともできる。愛にこそ、ほんとうの安全と安心がある。

愛は、甘さとともに苦さを、失うものとともに得るものを、快楽とともに苦痛を、平静なこころをもって受けいれる。愛が動きだすとき、想像力の力を借りて、分離の幻想の代わりに、あらゆるものの和合が現れる。二元的な世界がひとつになる。好き・嫌いの次元を超えて、生をありのままに祝福する次元へと入る。甘美なる愛の美酒を飲むとき、奇跡が起こり、私たちは変身する。スーフィー教の詩人ジャラール・ウッディーン・ルーミーの詩にはこうある。

「愛によって、苦さは甘さに
愛によって銅は金に

愛によって濁りは澄み
愛によって痛みは癒しに…」

これが愛による変容の力だ。

生は愛の風景。愛はいのちの祝福。愛は論理ではない。純然たる魔法だ。愛は詩であり、無垢のよろこび。

さあ、あなたも愛の力によって押しながされよう。そして批判や、不満や、比較から解放されるのだ。普遍的な愛の力によって私たちは知るだろう。人が何か悪いことをするのは、愛されていないからだということを。そこからさらに一歩踏みこんで、詩人、W・H・オーデンは言った。「悪をこうむった者／悪をもって返す」

そしてウィリアム・ブレークはこう言った。

「愛の目には欠点が見えない
よろこびには目がない
法もなく、その翼に檻はなく
こころの鎖も切られ、縛るものはない」

「あなたの敵を愛しなさい」とキリストが言ったとき、彼は軽い気持ちで言ったのではない。彼は大まじめに、「愛がすべてを征服する」という格言を信じていたのだ。愛によって、敵は友となる。愛はかつて過ちを犯したことがない。愛には、「もう片方の頬」を向けるだけの勇気が必要だ。愛するとは勇敢であること。愛の歌を歌えば、すべての心配も苦悩も蒸発してしまう。愛のエクスタシーのうちに生きれば、愛があなたを支えてくれる。

愛がすべて

神秘主義者やスーフィー教の詩人たちにとって、神は愛する人の姿で、また愛する人は神の姿で現れる。愛はこの世でもっとも偉大な宗教だ。愛はすべての美徳の母だ。「よきこと」はすべて、そこから生まれる。愛は荘重にして華麗だ。愛のあるところには希望がある。だから、愛し、そのよろこびに酔いしれようではないか。

生きることは愛すること。愛はリスクに満ちている。傷つくことも、相手に愛されないということもある。自分を愛する人を「もつ」ことを望まず、ただシンプルに愛する人であろう。愛されることは、愛することのひとつの結果にすぎない。

愛は魂を目覚めさせる。愛はこころに栄養を与える。愛は人生によろこびをもたらす。愛はもっとも美しいこころのマントラだ。愛は傷を治す薬。怒りや不安の傷、恐れや憎しみの傷を癒す。

　愛は呼吸のように自然だ。ルーミーもこう言っている。

「愛を追い求める必要はありません。ただ、自分のうちにつくってきてしまった障害物を見つけて、とり除くだけのこと」

　すべてを包みこむ愛は多くの形をとって現れる。フィロロジー（文献学）という言葉はもともと「学びへの愛」という意味だし、フィロソフィー（哲学）は「知恵への愛」、フィランスロピー（慈善活動）は「人びとへの愛」を意味する。もっと親密でエロチックな関係という愛の形もある。どちらにしても、自分の愛する相手に抱かれるのは、なんてすてきなことなのだろう。それも、一生に一度などということはない。そう望みさえすれば、毎日恋に落ちることもできるし、そうすべきなのだ。愛は奇跡だ。だれもが性的な交わりという行為のおかげで生まれたのだから、私たちはみな、愛の子どもだ。「原罪」などというものはない。あるのはただ「原愛」だけ。

　愛は理性を、知性を、言葉を超えた向こうへと私たちを連れていってくれる。善悪のかなたにある、寛容と優しさの地へ。いのちはこの深い愛をたたえている。必要なのは愛だけ《オール・ウィ・ニード・イズ・ラブ》。なぜなら、愛がすべてだから。愛が答え。問いは不要。

　とはいえ、私たちは人間だ。ときには輝かしい愛の道をはずれて、憎しみや怒り、嫌悪へと迷いこんでしまう。ふつうは健康な人でも、ときどき病気になる。病になれば、それを癒すことが必要だ。同じように、憎しみという病におかされたとき、要るのは「ゆるし」という手当て。ゆるしこそ、憎しみ、恐れ、怒りの解毒剤。憎しみ、恐れ、怒りは私たちの感情、こころ、魂を占領することがある。「ゆるし」という箒《ほうき》で、こうしたこころの塵やほこりをはき清め、愛という簡素な美をとり戻さないといけない。次章では「ゆるし」が住む家を訪れることにしよう。

もう充分と知れば、私はすでに満たされている
充分を知らなければ、いつまでも満たされることはない

――アメリカ先住民のことわざ

第8章

ゆるしの力

ゆるしは、自分自身への最上の贈りもの
みんなをゆるそう

——マヤ・アンジェロウ（詩人、俳優）

ゆるす強さ

簡素に暮らし、スピリチュアルな意味でもシンプリシティを実践するには、「ゆるしの力」を身につけることが必要だ。大陸から大陸へと一万三千キロメートルを徒歩で旅したとき、私は二度、銃口を向けられた。一度はパリで、もう一度はアメリカのジョージア州アトランタで。パリでは、武装した白人に、アルジェリア人テロリストとまちがえられた。それはアルジェリア戦争が終わりに近づいている頃で、その男は私を危険人物だと考えた。皮肉なことだ。私は平和と非暴力、そして寛容を訴えながら、インドからモスクワを経て、パリにやってきていた。その私が、この文明の中心地ともいえる場所で、暴力的な人間として、もしかしたらテロリストかもしれないと疑われる。

　私が会っていた友人のおかげで私は殺されずにすんだ。彼女は銃を持つ男に、私がテロリストでないこと、自分の友人であり、平和活動家だということを説明してくれた。ことが収まったあと、彼女は警察にこのことを通報しようとしたが、私はこう言った。

「銃を握ったあの人は恐怖に駆られていた。何かを失うことを恐れていた。白人としての優位性を失うことかもしれないし、自分の死を恐れたのかもしれない。あるいは何かほかのことかも。どっちにしても結局、彼は自分の恐れと向きあって、それをのり越えるしかない。彼を牢に閉じこめたとしても、それができるわけではないよ」

友人は「でも、殺されるところだったのよ！」と言う。私はこう答えた。「うん、確かに。だけど、だれもが一度しか死ぬことはできない。恐怖や復讐心でいっぱいの長い人生を生きることもできるけど、ぼくはそんなふうには生きたくないよ」

二度目も似たような話だ。一九六四年、ジョージア州アトランタでマーティン・ルーサー・キング牧師と会ったあとのこと、イギリス人の友人が私を食事に招待してくれたが、彼はそのレストランが白人専用だということを知らなかった。ウェイターたちが給仕するのを拒否するので、私はマネージャーのところに説明を聞きにいった。彼は言った。「説明なんてない。すぐ立ち去れ。問答無用だ」

「いえ、私は出ていきません」と私は言った。そのときにはもう、拒絶の理由が私の肌の色だということはわかっていた。

「出ていけ！」と彼はどなった。ウェイターたちと客たちが集まってきた。

私はあきらめなかった。「どうしてそんなに怒るんですか。私は何も迷惑をかけていませんよね。一杯のお茶をお願いしているだけです。前払いでもかまいません。何が問題なのでしょう？」

マネージャーは引き出しから銃を取りだした。「すぐに出ていかないと…」。すでに周りをとり囲んでいた大勢の人びとが、私を捕まえて、ドアの外へと押しだした。

あの店のマネージャーは恐怖に駆られていた。白人優位が崩れること、少数派である黒人の力に圧倒されることを。マーティン・ルーサー・キングは白人コミュニティに対して、黒人を恐れることはない、と言っていた。黒人コミュニティは白人を支配したいなどと思っていない。ただ、白人に支配されたくないだけだ、と。私たちはみな平等だ。肌の色がどうであろうと、その肌の下を流れる血は赤い。人間としての尊厳と、いのちの尊さを、だれからも奪うことはできない。

ゆるしのアート

私が学んできたのは、ゆるしのアートと正義のために行動するアートがともにつながりあっているということだ。**ゆるしとは不正に屈することではないし、正義のために行動するとは報復したり、対立している相手を傷つけたりすることではない。**

私の場合、ゆるしの実践は自分のルーツであるジャイナ教の教えから影響を受けている。十八歳のときまで少年僧としての私は、毎晩、就寝前にはゆるしの経文《マントラ》を唱えていた。

「この大地に生きるすべてのものをゆるします

生きとし生けるものへのゆるしを乞います
すべての生きものとの友情を大切にします
私に敵はありません」

　ただ口先で言うだけではなく、その意味をかみしめ、すべてのいのちと自分との調和をこころの奥で感じる。「だれもが敵でありうる、という考えはまちがっている」と私の師は言ったものだ。

「ある人を敵だと感じさせるのは、自分自身のうちにある恐怖だけ。つまり、敵とは恐怖なのだ。恐怖を征服すれば、すべての敵は征服される」

　この経文を唱える日課に加えて、ジャイナ教には毎年、「ゆるしの祭り」がある。雨季の最中、ジャイナ教徒は二十四時間の断食を行う。湯ざまししか口にせず、起きている時間はずっと一年間をふり返り、思いだしながら、だれかを害したり、傷つけたりする考えや言葉や行為がなかったかどうかを点検していく。それは誠実でまごころのこもった反省の時間だった。回想のなかに怒りや焦り、傲りを見いだしたときには、「ゆるす、ゆるす、ゆるす」という言葉をくり返した。他者からのゆるしを求め、自分自身のいたらなさをもゆるすために。

　私ははっきりと覚えている。二十四時間に及ぶ身体的、精神的な解毒《デトックス》のあとの軽快で健康的な感覚、まるで肩から巨大な荷物を下ろしたような気分。断食が明けると、私は友人たちや家族を訪ねては、面と向かってゆるしを乞う。ひれ伏して仲間の僧侶たちの足に触れ、こころをこめて話した。たとえいじわるをされたとしても、何ひとつ私は気にしていません。私はこうしてゆるしを乞いに、そしてゆるしを与えるために来ました…、というふうに。

今日でもジャイナ教徒は、遠くに住んでいて会いにゆけない友人や家族には、手紙でゆるしを乞い、与える習慣を続けている。自分をゆるし、仲間の人間たちをゆるし、ほかの生きものたちからのゆるしを求めることは土づくりのようなものだ。その土から、慈愛、寛容なこころ、互恵の関係、コミュニケーション、そして愛が育つだろう。

ゆるしのないところに、調和も平和も望めない。

ゆるしの果実

恐怖からの自由も、ゆるしがもたらす果実だ。恐れがない状態であればこそ、その人のうちで、しあわせにとって欠かすことのできない創造性が働きだす。怒りや復讐の思いでこころが煮えたぎっているとき、人のからだ、こころ、魂が安らぎで満たされることはない。しあわせとは、平静なこころの先にあるものだ。

ゆるすことができるのは、だれかが自分を傷つけたり、侮辱したりしたからだ。そ

るしを乞い、与えた。その結果、彼らは裁判にかけられ、禁固刑を受けなければならなかったが、しかし、その代わり、民衆、メディア、政府からの尊敬と賞賛を得ることができた。結局、彼らとその家族は与えられた土地で農業を始めたり、家内工業に取りくんだりして、立ちなおった。

母子のゆるし

若い僧侶として習った毎年のゆるしの儀礼を知ってはいたものの、おとなになって私は人をゆるすのがいつも簡単だとは限らないことを学んだ。ある場合には、完全なるゆるしに至るのに何年もかかることさえある。母との関係、そして師との関係におけるゆるしに至る長い道がそうだった。母は人生のほとんどの面で柔軟で寛大な人だったが、宗教的なことに関してはとても厳格で頑なだった。私がジャイナ教の僧団を離れたとき、家に戻れば母があたたかく迎えてくれることを期待していた私は、「いいえ、帰ってきてはいけない」という彼女の言葉に衝撃を受けた。母は私に一杯の水さえ出してくれなかった。

「でも、ぼくはあなたの息子です」と私は言った。

「いや、ちがう。あなたは九年前に出家して、一生僧侶として生きることを誓ったのだから、尊師のところに戻り、ゆるしを乞い、また僧団に入れていただきなさい」

私は耳を疑った。これは、私が愛したのと同じ母なのだろうか。私は深い失望と苛だち、そして怒りを覚えた。そしてこう言った。

「もう、僧団には戻らない。あなたにも二度と会うことはないでしょう」この脅しのような言葉を残して私は母のもとを去った。

長い月日が経ち、あるとき、母は私のかつてのジャイナ教の師であるトゥルシと話していた。師は母にこう言ったという。

「あなたの息子は今も僧侶の魂をもち続けていますよ。僧侶らしく世界中を徒歩で行《あん》脚《ぎゃ》した。一銭のお金も持たずに、平和と非暴力の教えを広めようと、ね。彼の行動をうれしく思っています」

この尊師の言葉を聞いて、母のこころは和らいだ。どうやってわかったのか、私がバラナシに住んでいることを知った母は、遠路、私を訪ねてきた。私はいまだに母に対する怒りと恨みを抱えていた。住む家もお金もなく、傷つきやすい自分を拒絶したあの日の母を忘れることができないでいた。

「私はあなたにゆるしを乞いに、やってきました」。これが母の第一声だった。私は言葉を失った。何が言えただろう？　何ができただろう？

「僧侶であることをやめたとはいえ、あなたが成しとげた平和巡礼は僧侶にふさわしい行いです。ともかく、あなたを拒絶したことを悔やんでいます。あなたは世界の平和のために働いているのね。あなたのやってきたことの意味がわかってきました。あなたと仲直りしたいの。母としてあなたを祝福しにやって来たんです」

まったく予期しない言葉ばかりだった。母の優しい言葉が私のこころをとかした。母はたったひとりで、ラジャスタンから、八〇〇キロメートルの道のりを、電車を二回乗り換えて、はるばるここまで来てくれた。母がバラナシに来たのは、父の遺灰をガンジス川にまくために私と一緒に来たとき以来、初めてだった。彼女の謙虚さと寛容さが私のこころを打った。

「ありがとう、お母さん」と私は答えた。

「この十年はとても辛かった。ビノーバのような新しい師に出会えたし、新しい友人たちもできたけど、新しい母は見つからなかったから。あなたに拒絶されたことで傷ついていました。でも、こうして会いに来て、私をゆるしてくれてうれしいです。私も、あなたに拒絶されたことをゆるします。私にいのちを与えてくれたこと、知恵を授けてくれたことをいつも感謝しています」

その私の言葉に、母の頬には涙が川のように流れ落ちた。私も泣いていた。私たちは抱きあった。私の人生でもっとも長くて、強い抱擁だった。

師弟のゆるし

私が僧団を去ったとき、トゥルシ師はひどく腹をたてた。それはなまやさしくない、激しい怒りだった。それは、高い霊性によって広く崇敬される、その道の権威には、ふつうありえないことだった。トゥルシは私の師であるばかりでなく、父のような存在だったのだ。すべてにわたって私の面倒をみてくれ、教え、大切にしてくれた。彼が率いる僧団を去るのは、二重の意味での裏切りだった。一生を僧侶として生きるという誓いを破るという意味で、そして、世俗へと逃げだすことで彼から受けた恩をあだで返すという意味で。

僧団を去ってまもなく、トゥルシは信徒たちを送って私を捕まえ、翻意を迫ろうとした。むりやりにでも連れもどそうとした。ビノーバに頼んで、私をアシュラムに受けいれないようにさせようとさえした。さいわい、ビノーバはこれを無視してくれた。しかし、こうした一連の試みで、私はいっそう反抗的になっていき、自分が所属したジャイナ教の一派はもちろんのこと、組織宗教というものをまとめて、おおっぴらに批判するようになっていく。こうして、七、八年間は、かつての師との激しい葛藤にとらわれることになった。トゥルシのほうも、信徒たちを通じて、私には二度と会いたくないという固い意思を伝えてきた。私たち双方にとって、それは長い憎しみの年月だった。

だが、時は癒す。トゥルシは私の居場所や行動についての情報を得ていたようだ。私の世界平和巡礼が彼のこころを和らげた。母に向かって私のことをほめたとはいえ、彼が私との和解のために踏みだすことはなかった。もう二度と会うことはないだろう、と私も思っていた。

さらに時が過ぎた。私はインドを出て、イギリスで結婚し、ムクティという名の息子をもうけた。そのムクティが二十代のとき、自分のルーツをたどり、父親の生まれ育った地を知ろうと、インドへ旅をした。私に勧められたわけではなく、私に知らせることすらなく、彼は私の生まれ故郷に行き、さらにトゥルシを訪ねた。私の息子だと知ったトゥルシはあっけにとられたようだ。しばらく話しあった後、トゥルシは、ペンと紙があるかとたずね、もちろんあります、とムクティが答えると、では、伝言を頼みたい、と言った。

「あなたがなし遂げたことに敬意を表します。過去は過去、すべてはゆるされている。会いにきてください」。そして「あなたのお父さんにこの要望を伝えてほしい」とトゥルシは言った。

旅を終えて戻ったムクティが私に言った。

「お父さん、自分の師に会いに行かなくちゃいけないよ、絶対。もう歳だし、彼の顔を見て、死ぬ前にお父さんにぜひ会いたいと望んでいるのがわかったんだ」

息子にとってもそれが強い願いだということがわかった。師からのメッセージもこころに響いた。私はムクティにこう言った。「わかった。できるだけ早く、会いに行くことにするよ」

私はひとりで行くのが怖くて、インド通のイギリス人の親友、ジョン・レインに一緒に会いに行ってもらえないか、と聞いてみた。うれしいことに、彼はそれを引き受けてくれた。私たちふたりはデリーに飛び、電車でトゥルシが住むラドゥヌンという町まで行った。

昼前、ジョンと私はトゥルシの前に立った。大きなホールの端から、彼が高座に座って、弟子や信徒たちに話をしているのが見えた。ジョンは背が高いし、ここではただひとりの西洋人だったから、すぐみんなが私たちに気づいた。私が誰かを知った世話役のひとりが、私たちを前へと誘導し、トゥルシ師の横に連れていった。彼は驚きながらも、よろこんでくれた。

「いつまでいられるのかね？」と問われ、私は「少なくとも一日」と答えた。

「それじゃ足りない。積もる話があるから。二、三日ゆっくりしていきなさい」と彼は主張した。そしてこう続けた。

「橋の下を多くの水が流れていった。私のもとを離れてから、どのくらい経つかね？」

彼は思いだそうとしているようだった。

「四十年近く」と私。

「あの当時、私はきみに大きな期待を寄せていた。だれもが、きみならすばらしい教師になれると思っていたよ。なかには私の後継者になれる素質をもっていると言う者たちもいた。だから、私だけでなく、きみを知っている者はみな、深い失望を味わった。裏切られた気がしたんだ。いったいどうして？　私たちはきみに何をしてあげればよかったのだろう、とね」

　そこにいた弟子や信徒たちは、それを聞きながら、きっと同じ思いでいただろう。私はたしかに愛と思いやりに包まれながら、こころのこもった教育を受けていたのだ。それなのに私は感謝の気持ちを伝えることもなく、突如彼らのもとを離れ、還俗《げんぞく》したのだった。

　私はトゥルシの声のうちにある痛みを感じた。それは遠い昔のできごとであるとはいえ、傷がまだ癒えていないことは明らかだった。私のこころのなかに昔のことが蘇り、師がいかに自分を愛してくれたかを思いかえした。

「まごころをこめて、私があなたのもとから逃げだしたことを、深くお詫びします。あなたが私のためにしてくださったことへの感謝の思いを伝えなかったことを反省しています。あなたがそれにもかかわらず、会いに来るようにと私に言ってくださったこと、そして私の息子ムクティを通じて、すべてをゆるすと言ってくださったことに感謝しています」

しばらく沈黙が続いた。やがて私は続けた。

「あなたの教えと知恵が私の人生をかたちづくってくれました。簡素に暮らすこと、大地に負荷をかけずに生きることを学ばせてもらいました。あなたに教わったとおり、執着を捨てる努力をしてきました。愛と執着とは同じではないというあなたの言葉を、私はかたときも忘れませんでした。自分自身を信頼すること、世界を信頼することを学んだのもあなたからです。私があなたからどれほどの恩を受けたかを表す言葉はありません」

私は泣いていた。ジョンは私の肩に手を置いて、ハンカチを渡してくれた。

トゥルシはこう言った。「きみはたいしたものです。きみのやってきた冒険や巡礼、世界をよりよき場所にしようという決意のことは、聞いている。それに私の教えが役に立ったというなら、うれしいことです。きみを祝福させてほしい。そして楽しい人生の旅路を祈りたい」

それは、私の師によってなされた、大いなる寛容とゆるしの行為だった。私は何度も頭を下げた。結局、ジョンと私は数日をトゥルシとともに過ごした。私たちは世界の情勢について話したり、自然への非暴力というジャイナ教の教えがいかに寄与しているかを語りあったりした。

「自分への非暴力と人びとへの非暴力を、生きとし生けるものに対する非暴力へと広げなければいけない。すべての人間《ヒューマン・ビーイング》の基本的人権だけでなく、すべての生きもの《リビング・ビーイング》の尊厳を守るのが私たちの責務だ」。こうしたトゥルシの言葉は確信に満ちていた。今またこうして彼の教えを聞くことで、私のこころに安らぎと癒しがもたらされた。

究極のゆるし

ゆるしの力を示すもうひとつのすばらしい例はジョー・ベリーだろう。彼女は、イギリス保守党の国会議員だったアンソニー・ベリー卿の娘だ。父のベリー卿は、一九八四年、保守党の年次総会に出席するために宿泊していたブライトン・ホテルで、アイルランド共和軍（ＩＲＡ）による爆破によって殺害された。ジョーは私に話してくれた。父親をこんなショッキングなかたちで失ったトラウマと悲しみが、しかし、彼女に熟考の機会を与えてくれた。「復讐を求めるか、平和を求めるか」と考えたすえに、彼女は、相手を責め、憎む代わりにゆるすことを選んだのだと言う。

ジョーはこう回想した。

「橋をかけるのがいちばん難しかったのは、父を殺す爆弾をしかけたパトリック・マッギーでしたね。彼が出獄してきたあと、ダブリンの友人の家で、彼に会いました。怖かった。最初、彼は自分の政治的な立場にこだわっていたけど、だんだん、私の痛みについて耳を貸すようになった。何かが変わったんですね。いわば、かぶっている政治的な帽子を脱いで、人間のこころが開きだした。私はこう言いました。私が何をしたところで、父は帰ってこないけれど、もうこんな暴力的なかたちで自分の父親をなくす子どもたちがいなくなるように、ぜひ一緒に何かやりましょうよ、と」

そのときから、ふたりは平和の橋をかけるためにともに働くことになった。彼らは百回以上の集会で話し、その言葉は多くの人に感動を与えた。ふたりは聴衆に、暴力は暴力を生み、報復は報復を生むのだということを伝えつづけた。進む道はただゆるすこと、忘れること、そして新たに始めること。こんなことわざもあるではないか。

「最初にあやまるのがもっとも勇敢な人
最初にゆるすのがもっとも強い人
最初に忘れるのがもっともしあわせな人」

どれだけ長いあいだ過去の重荷を背負うことができるだろう。歴史は残虐非道なことに満ちている。奴隷制、人種差別、植民地主義、アパルトヘイト、ホロコースト、そしてさまざまな種類の大量虐殺…。

パトリック・マッギーは八回分の終身刑を受けた。裁判官は彼を例外的に残忍で非人間的な男と断定した。結局、彼は十四年後、北アイルランド紛争の停戦を決めた「聖金曜日」合意によって、出獄することになった。変身を遂げた彼は今、憎悪に代わる愛のたねをまくことにその生涯をかけている。まさに「ゆるしなしに愛はなく、愛なしにゆるしはない」という格言のとおりだ。

この話が私たちに教えてくれるのは、人間のこころのなかに善と悪の流れがあること、どんな人にも変身の可能性が秘められているということ。そして、慈愛とゆるしの力は、罰と報復の力よりも偉大だということである。

ゆるしは未来を変える

ゆるしの力について、おしまいに、南アフリカの「真実和解委員会」の例をあげたい。それは二十世紀の政治における和平構築の歴史のなかに輝く金字塔だ。アパルトヘイトに終止符を打つための長く、厳しい闘いを率いたのは、獄中で二十七年を過ごしたネルソン・マンデラをはじめ、多くの闘士たちだった。反アパルトヘイト運動の歴史はよく記録され、よく知られてもいる。なかでも注目すべきなのは、被害者たちの側が示した寛大さだろう。新生南アフリカの大統領となったマンデラは、前へと進むにあたって、人びとにまずアパルトヘイト下の旧体制における不正、残酷さ、暴力にしっかりと向きあうべきことを訴えた。そしてそれを実現するために、デスモンド・ツツ大主教を議長とする真実和解委員会を設置した。不公平な「勝者による裁き」を避けるため、すべての関係者がその所属に関わらず、委員会の査問を受けることが義務づけられ、結局、八百四十九人が恩赦を与えられることになった。

　アメリカのラジオ・キャスターのバーナード・メルツァーがこう言ったことがある。「ゆるしは過去を変えはしないが、未来を変える」。この考えかたの対極にあるのがニュルンベルク裁判だろう。いっぽう、アパルトヘイトの犯罪の歴史に向きあい、和解をつくりだすやりかたは望ましい結果を生みだしてきた。

地球にゆるしを乞う

　私自身の経験や、ほかのさまざまな社会活動家や政治運動家たちの例を見れば、ゆるしが対立の克服のためにいかに効果的かは明らかではないだろうか。いっぽう、復讐と刑罰は傷の痛みや分断をむしろ悪化させ、癒しをもたらすことができない。この世は対立と争いにあふれている。今こそ世界中の人びとが意を決して、調停の道を歩みはじめるときだ。調停とゆるしこそがりりしく、勇敢な人がとる道。マハトマ・ガンディーが言ったように、「弱い者にはゆるすことができず、強い者にはゆるすことができる」

人間社会の文脈だけでも、対立とゆるしの例には事欠かないが、今日では、人間の強欲さが地球の受容力とのあいだにあまりに大きな対立を引き起こしている。過去数世紀にわたって、産業社会は地球の資源を富に変えようと、動物を虐げ、森を、海を荒廃させてきた。それはまるで人間が自然界に対して戦争をしかけているかのようだ。敵を攻撃するように、土地を、そして生物圏を汚染してきた現代社会は、自然を征服することを使命としているように見える。

いずれ、人間界がそのばかばかしさに気づき、地球にゆるしを乞うときがくるだろう。しかし今のところ、大多数の人びとは、自分たちの愚かさや無謀さを認めていない。いまだに、世界中で増え続ける消費社会の需要に応えるためには、自然を酷使するしかないと信じている。いっぽう、地球環境の制約のうちでシンプルな生きかたをすることを選び、人間は自然界の一部であって、その主人ではないと考える人びとも世界各地でたしかに増えているが、まだ少数派にとどまっている。人間が全体として自分たちの犯してきた過ちに気づくのにはまだ時間がかかるのかもしれない。しかし、**遅かれ早かれ、人間が地球にゆるしを乞うときは必ずくる。**豊かで寛大な地球のことだ、そのとき、きっと人間たちをゆるしてくれるにちがいない。そう私は信じている。そうすれば、人間は自分が壊してきたものを直すことができるかもしれない。でも、もし過ちに気づくのが遅すぎると、悲しいことに、人類の生存が危ういというのもたしかなことだ。

ますます多くの人びとが気づいている。人類が地球との調和のうちに生きなければならないことに。二〇一五年の終わりに二百に近い国々の政府が集まって満場一致で、以下のことを認めあった。人間の活動、とくに化石燃料の過剰な使用によって、気候が変化しつつあり、その変化が地球に破滅的な影響を与えて多くの生物種の生存とともに人類文明の存続を危うくするだろう、と。ほとんどの政府がこのパリ協定を批准しているのはうれしい驚きだ。もし、これらの政府が忠実に、二酸化炭素削減のための政策を導入すれば、それは、地球からのゆるしへと向かう一歩になるのではないだろうか。

政府に頼っているわけにはいかないと、民間でも多くのコミュニティが、過剰になった地球への負荷をなんとか減らそうと行動を起こしている。「トランジッション・タウン」運動がよい例だ。化石燃料をベースにしたライフスタイルから再生可能エネルギーをベースにした暮らしへの転換《トランジッション》を自分たちの手でなし遂げようとしている。彼らによると、今では世界のあちこちで四百近い町やコミュニティがトランジッション運動に参加して、現在の破壊的なシステムへの依存を減らすために努力している。私が住むデボン州には、この運動の発祥地であるトトネスがあるので、私はこの目で、単に人びとの態度だけでなく、ライフスタイルそのものが変わるようすを見てきた。そこには、地球という私たちの家に対する、もっと謙虚で感謝に満ちた関係性がつくりだされている。この謙虚さこそ、地球からのゆるしを願う者の態度だ。

よき関係、ラジカルな愛、そして無条件のゆるしについて考えてきた。これらはみな、人生というものがパラドックス、矛盾、ジレンマなど、両方向へと引っぱる力に満ちていることへの深い洞察から生みだされる果実だ。引き裂かれるような状況にたつとき、私たちは互いに対立しあうように見える力の場を超え、平静なこころをもって、調和と均衡へと向かわなければならない。それができれば、〈エレガント・シンプリシティ〉はもうすぐそこだ。次章では、「相反するもの同士のダンス」の輪に加わることにしよう。

シンプルに説明できなければ、まだ充分理解していないということだ

――アルベルト・アインシュタイン（物理学者）

第 9 章

対立するもの同士のダンス

生と死はひとつ、川と海がひとつであるように

—— ハリール・ジブラーン（詩人）

闇を友とする

精神のシンプリシティに至るには、どんな状況にあっても保たれる平静さという道しかない。秋の終わりと冬の初めは、暗い季節への敷居をまたぐようなおもしろい時間だ。私たちはこの冬という季節に、大きく開いた心で向かっていくべきだろう。暗さを歓迎するのだ。それは冬眠のとき。休息と再生のとき。長い夜を迎えいれる。火のそばに座り、物語を読み、ともに歌い、踊る。闇を恐れてはいけない。日が長いときの明るい晩に、私たちは散歩したり、庭仕事をしたりして楽しむが、夜が長くて暗い季節には、想像力の国へと入っていく。詩を書いたり、『戦争と平和』を読んだり。光はたしかにありがたい。でも暗さも負けずにありがたい。ふつう、よいことを語るのには「明」という言葉を使うが、「暗」という言葉の価値にも気づくべきだろう。それが、正反対のものをつなぐアートというものだ。

暗くなると、幽霊や精霊などが怖いからと、林のなかに入るのを嫌がる人がいる。でも何も恐れることはない。死ねばみな霊になるのだし、自然界の霊魂に仲間入りするのだから。怖がりさえしなければ、幽霊とだって友だちになれる。

幽霊の存在を実感するかどうかにかかわらず、私たちはだれもが暗闇を人生の一部としなければならない。そして、暗さを友としなければならない。ほんとうの回復が可能なのは暗さのなかだけ。暗さは再生のときを与えてくれる。長い時間、昼の明るさのもとで仕事をしたあと、私は暗さを求める。灯りを消して、部屋を暗くする。それでも外から光が入ってくるなら、カーテンを閉めてもっと暗くする。窓を閉め、雨戸を閉め、ドアを閉めると、私はホッとする。最後に閉めるのは自分のまぶた。それも閉じたとき、眠りに落ちる。

眠っているあいだに、私たちのからだは昼間失ったエネルギーを回復していく。明るさのもとでエネルギーを消費しながら、畑仕事や料理や勉強をして、歩き、働き、遊ぶ。一日に、私たちは多くのエネルギーを使う。そして、そのエネルギーをとり戻す必要がある。それができるのは暗さのなかでだけ。

魂の回復と再生も暗さのなかで行われる。神秘家たちはその暗さを「魂の闇夜」と呼んでいる。私たちが感情的、心理的な困難を抱えているときや、精神的な危機にあるとき、たとえて言えば「闇夜」にいるようなものだ。この暗い状況を、静かなこころで抱擁することができる人は、以前より強くなって、そこから出てくる。こうした「闇夜」のうちにあって、私たちは想像力、信念の力、瞑想力を働かせる。すべての危機は好機でもある。疑念と失望に満ちた危機を通じて、より深い自分へとつながり直すのである。

危機に向きあう

ほとんどの人が個人的、内面的な危機を経験しているか、これから経験するだろう。危機を好機へと変容させるための第一歩は、「私は危機にある」と認めることだ。こころが置かれている状況への気づきが、治癒の始まりを告げる。次の一歩は、自分に静かな時間と空間を与えてあげ、問題を引き起こした原因や状況について瞑想すること。「瞑想《メディテーション》」という言葉は、「医療《メディスン》」という言葉と同様に、「気にかける」という意味のラテン語「ミドゥーレ」に由来する。私たちがからだを気にかける必要があるとき、私たちは瞑想する。「気にかける」ということが、自分自身についての、そして自分をめぐる危機の原因についての、気づきを手にするための一歩となる。そして次にやってくるのが、内面的な危機の根っこにある自我、野心、支配欲、物欲、知識欲、権力欲、名声欲、金銭欲などについての自覚だ。

地球大の危機の原因も似たようなもの。人類は自然を統御できると思いこむようになった。海や森を、川や動物を支配できるのだと。たしかに、月面着陸もできるし、核兵器を製造することもできる。しかし、深い瞑想のうちで、私たちはそれほど強くないということを悟る。竜巻ほど、ハリケーンほど強いわけではない、ということを。大雨が降るだけで、私たちは身のほどを知らされる。謙虚に、自然の力への畏怖を感じなければならない。環境危機に対処するには、自然界との調和をとり戻す必要がある。私たちは地球の管理者でも、支配者でもない。謙譲のこころを今こそ働かせるときだ。

外なる世界の津波や嵐を経験するように、私たちはときに内面的な津波や嵐にも遭遇する。これらの困難を通して、私たちは自分自身への、そして地球への慈愛を育てるべきだ。〝臭いものに蓋《ふた》〟をしてすませるわけにはいかない。どんな危機であっても、そこで求められているのは「気にかける」こと。感謝と祈りを込めてその危機に向きあうことだ。外なるものか内なるものかにかかわらず、すべての危機は「分断（ディスコネクション）」からやってくる。とすれば、危機の解決は「再結合（リコネクション）」によってなされる、ということになる。瞑想において私たちは、自然との、人びととの、そして内なる魂との、根源的で揺るぎのない調和とつながりへと、意識の焦点を合わせる。

すべては補完しあう関係

インドでは、人と人が出会うとき、それぞれが自分の手を合わせて「ナマステ」と言う。この言葉は「あなたに敬意を表す」ことを意味する。手のひらを合わせるのは調和を表している。ふたつに分かれているものをひとつにする。ふたつの手が一体となることで、あなたと私がひとつになる。相反するものが一緒になる。ひとつのものの二元性は、同時に、ふたつのものの一体性だ。相反するように見えるものは、実は、互いに補完しあっている。上があるから下がある。男性性と女性性がそうであるように、暗さと明るさ、否定性と肯定性も、互いを補い、引きたてあう。反対のもの同士が一緒になって、欠けていない丸ごとをつくる。もしも一年がすべて日差しの強い夏ばかりだったら、おもしろくない。暗い冬があってこそ、バランスがとれる。それが自然の美しいデザインというものだ。季節はどれもいい。それらが一緒になって、よい全体をつくるのだから。

　健康は大切だ。でも、病気にも意味がある。生きているからだであればこそ、頭痛がある。死体に頭痛はない。病気のときは眠り、休み、スローダウンするよい機会だ。だれかが病気になることで、家族が集まって病人を看病し、世話することができるし、お互い同士思いやる機会にもなる。もし、まったく病気しないとしたらどうだろう。私たちはだれをも必要とせず、だれもが人を助け、思いやる機会を失ってしまう。病は人生の暗い期間。でもそれは、からだが横になってみずからを癒やすときなのだ。

　私たちはふたつの風景のあいだにある。物質的な自然世界の風景と、物質を超えた精神世界の風景と。私たちは木々、河川、山々などに囲まれ、嵐、洪水、地震などに耐えながら生きている。同じように、意識、感情、感覚などからなるこころの世界を生きて、怒りや恐れ、疑念や失望といった危機を経験する。それらすべてを受けいれ、広くて静かなこころを養う。そうすれば、人生という大海を悠然と漕ぎすすめることができるだろう。

相反するもの同士の調和

　こうしたダンスのような生のありさまを、陰と陽の太極図が象徴的に示している。半分は黒で、半分は白。そして黒のうちに白い点があり、白のなかに黒い点がある。これこそ何も欠けることのない全体の象徴だ。完全な闇はなく、完全な光もない。だから、明るさのなかでも私たちは暗さを覚えているし、暗さのなかでも明るさを忘れない。インドの伝統には、半分が男性の女神シヴァや、半分が女性の男神シャクティの聖なる図像があり、それぞれ、陰陽の一体化を体現している。すべての男性に女性性があり、すべての女性に男性性がある。男性原理と女性原理は一体に働く。一緒にダンスをしている、と言ってもいい。それは均衡を表現する。宇宙は、この相反するもの同士のダンスのなかにある。

　誕生と死もまた一緒になって生の全体をなす。死は再生をもたらすもの。死は悪いもので、苦痛で難しいものと決して思ってはいけない。死は私たちを解きはなち、変身させる。死は生の終わりではなく、新しい生への扉。魂は永遠であり、生もまた永遠だ。だから、死を恐れる必要はない。ちょうど春と誕生を迎えいれるときのように、冬と死を歓迎しよう。

四歳の少年だった私は父の死に衝撃を受けた。九歳にして私は死のない存在を求めて家を出た。しかし今の私にはわかる。死がなければ生もないのだということが。死は生に劣らず、貴重なものなのだ。

誕生から出発して、私たちは人生というエベレスト山に登りはじめる。そして死で頂上に達する。頂上に達することを恐れる理由がどこにあるだろう。死は解放なのだ。年をとり、衰弱した身体からも自由になる。怒り、不安、苦悩から、自尊心、偏見、激情から、そして疑念、うつ、絶望から、解放される。こうした自由をよろこんで迎えいれるべきではないだろうか。

誕生と死のダンス

私の母はこう言ったものだ。

「衰弱を感じたとき、人生が終わりに近づいたことを知る。そのときは、死が向こうから会いにやってくるのを待つ代わりに、こちらから死に会いにゆくの」

八十歳を過ぎて、身体が衰え、見聞きもよくできなくなっていた母は、「いいえ、眼鏡も補聴器も要らない」と言っていた。ある朝、彼女は杖をついて、娘や息子たちに会いにゆき、こう宣言した。

「今日から、死ぬまで、断食します。これまでに、もし私があなたたちを傷つけるようなことを言ったり、何か不愉快なことをしたりしていたら、ゆるしてもらいたいと思って、来たんです」

母は友人たちや親戚にもゆるしを乞いたいと伝えて、家に戻り、部屋のなかにこもった。「アンチ・デビが死に至る断食に入った」というニュースが広がった。あちこちから、はるか遠いところからも、人びとがやってきて、母のそばに座り、聖なる歌を歌う。そして口々に、母の親切に感謝した。ひと月近く、母は湯ざましだけで生きた。それは、音楽と祈りによる祝祭のときとなった。人びとはみなゆるしを乞い、与えあい、別れを告げた。こうして母は安らかに、しあわせに、死んでいった。

美しいみこしに乗せられた遺体とともに、人びとは火葬の場所まで行列した。遺された何がしかのお金は貧しい人びとに配られた。火葬用の積み薪《まき》には、よい香りを出すビャクダンの木とココナツの木を含む九つの樹種が使われる。長男が点火した。遺灰になるまで、みんなその場にとどまった。翌日、家族が拾いにいった遺灰は、後日ガンジス川にまかれた。それは水に溶け込み、海へと流れ、あるいは大気となって雲となり、雨となって土の上に落ちた。こうして、母のからだのすべてはリサイクルされ、宇宙の一部となり、いのちの循環の一部となった。

私の師、ビノーバ・バーベは八十八歳のとき、重い胃潰瘍《いかいよう》にかかった。友人たちが病院に連れていき、医者が検査をした。その結果、潰瘍がだいぶ進行していることがわかった。

医者によれば、手術はできるが、うまくいくかどうかは五分五分。手術をするには本人の許可が必要だという。ビノーバは言った。「この年で、大がかりな手術は受けたくない。断食して死を迎えたい」と。すでに衰弱していた彼は七日しかもたなかった。とはいえ、それは祝祭に彩られた七日間となった。断食に入った彼のもとに、インドの首相、インディラ・ガンディー氏も敬意をはらうためにやってきた。葬儀には五万人が集まった。その季節、ビノーバが住んでいたアシュラムに近い聖なる川パラムダーンは渇水していたので、火葬が行われた場所の周囲の河川敷は人で埋まった。のちに、モンスーンの季節がやってきて、川は流れはじめ、ビノーバの遺灰を海へと運んでいった。

死に至る断食は注目に値する。この死にかたを、ヒンドゥー教とジャイナ教の信徒たちは強く支持してきた。バガバッド・ギータにはこうある。古くなってすり切れた衣服はどうする？　古いものを捨てて、新しいものに着がえるだろう。からだは服のようなもの。古くなってよれよれになって死に、私たちは新しいからだを得る。魂は不滅だ。死を通してのみ、生は更新される、と。

インドの伝統には、死はよくないことだからどんな犠牲をはらっても生かしつづけなければならないなどという観念がない。死は生に劣らずよいもので、生は死に劣らずよい。両者は同じコインの表と裏。誕生がなければ死はなく、死がなければ誕生もない。いのちの旅路では、誕生という地点が、今生《こんじょう》への到着を示し、死という地点がそこからの再出発をしるしている。エックハルト・トールが言うように、「生が死の反対なのではなく、死の反対が誕生なのである」。誕生と死は、永遠のいのちという舞台の上で繰り広げられる、相反するもの同士のダンスだ。

いのちのつながり

暖炉でたき木を燃やす。木はそのいのちを与えて私たちを温めてくれる。木は死に、灰となる。その灰を樹木の周りにまく。灰は堆肥となり土と化す。そしてその土は木へと変身する。木は成長し、成熟し、やがて倒れる。そして新しい木となる。実際には、木は死なずに、生まれ変わり続ける。同じ木の灰をジャガイモの畑にまけば、たねイモの栄養となり、そこからたくさんのイモが生まれる。灰がイモを育て、イモが私たち人間を育てる。私たち人間は木の生まれ変わりだ。

人間を意味する「ヒューマン」という言葉は、土を意味するラテン語、「フムス」からきている。人間存在は、「土の存在」なのだ。死ぬことのないいのちは、死ぬべき物質的存在としてみずからを世界に現し、時間、空間、そして意識の輪廻のうちを動いていく。そこには静止も固定も硬直もない。すべてはダイナミックに循環する。存在は永遠だが、物質的な現象は永続せず、絶えまなく変化する。相反し、二元的で、矛盾し、交錯しているように見えるものも、ほんとうは、互いに補いあう、融和的な関係にある。このシンプルな真実を知り、よく理解するためには、外見を超えたさらに向こうを見る必要がある。

　私にとって、生きることはシンプルだ。見かけの分離や分断にのめりこんで、人生をわざわざ難しくする必要はない。ただただ、現象的な相違の根っこには、「一」なる魂があることを知って、リラックスすればそれでいいのだ。その根っこにあたる深層の実在を経験する方法を、「深く見ること《ディープ・シーイング》」と呼ぼう。次章では、この「深く見る」意味を探ってみたい。

性格も、態度やふるまいも、すべてのことにおいて、最高の美徳はシンプリシティ

——ヘンリー・ワーズワース・ロングフェロー（詩人）

第10章

ディープ・シーイング

深く見る

「明らかに見ること」は、詩であり、
預言であり、宗教である

——ジョン・ラスキン（美術評論家）

見ることと聞くこと

シンプルに生きること、それは「深く見ること」。「見る」にあたる英語の三つの言葉――ウォッチ（watch）、ルック（look）、シー（see）――には重要な違いがあるようだ。サンスクリット語の「ダルシャン」という言葉は、英語で言えば、ディープ・シーイング、つまり「深く見る」ことを意味する。それは、外見を超えたその奥にあるものを見る、ということだ。

若いときの私は、ジャイナ教の師の下で「ダルシャン」の修行を受けていた。サンスクリット語で僧侶は「ムニ」というが、この言葉は「沈黙を守る者」を意味する。また、弟子を「シュラワク」と呼ぶが、それは「聞く者」を意味する。先生は沈黙し、生徒は聞く、というわけだ。深く聞くことと深く見ることのあいだには微妙なつながりがある。無言で聞きいる人のうちに、第三の眼で見る能力が育っていくのだ。音を超えた、さらにその奥に耳を傾けることで、音なきものを聞く。同様に、形を超えたその向こうに、形なきものを見る。普通、私たちはふたつの目でいろいろなものを見て、ふたつの耳で言葉を聞くのだが、僧侶たちは形象や言語の世界を超えたところで見ることの、そして聞くことの修行を積むのだ。

「ダルシャン」の行では、私は師と向かい合って座る。一時間ほどひとことも交わされない。ただ座っている。師ではなく、寺院にある聖像の前に座ることもあった。私は座ったまま瞑想する。シュラワクとしての私は、無言のうちに聖音「オーム」に聞き入る。それは、私の内に響く音なき音。自らの内なる聖音のこだまに耳を澄ますのだ。

ダルシャンは、物理的な姿や形を超えたイメージを見、言葉では表現できない物事を経験する行だ。そう考えると、それはアーティストの仕事とも似ている。絵を描くとき、アーティストは対象を深く見る。外見上の形にとどまらない、それ以上の何かを見る。その結果、見ているアーティストと見られている対象とを分け隔てていた距離が消える。見る者と見られる者がひとつになる。このとき、アーティストは「見者」、すなわち「賢者」となる。その意味で、アーティストもダルシャンを行う者だと言える。

第三の眼をもつ

真の「見者」は第三の眼で見るといってもいい。それは、物質的な世界を超えて、形のない非物質的な世界をも見通すということを意味する。有形の世界から無形の世界へ、そしてまた有形の世界へと戻る。この往還はスピリチュアルな旅だ。

仏教徒はこう唱える。「ガーテー　ガーテー　パラガーテー　パルサムガーテー　ボ

ディ　スワハー（般若心経の一説「羯諦　羯諦　波羅羯諦　波羅僧羯諦　菩提薩婆訶」）」。その意味は「行かん、行かん、超えて行かん、まったく超えて、悟りの境地へと」。「深く見る」ことを通じて、見かけの世界は溶解して、真の現実世界が現れる。その瞬間、物質と魂との融合によって光が放たれる。こうして、すべての二項対立や分離に終止符が打たれる。

二元論の罠にかかることなく、世界全体を限なく見る人のことを、英語ではビジョナリー（賢者）という。賢者とは、英知の眼、こころの眼、詩的な眼によって世界を見る人のことだ。作家のジョナサン・スウィフトは、「ビジョンとはほかの人びとにとっては見えないものを見るアート」と言った。詩人がほかの人に見えないものを見ることができるのも、想像力という第三の眼をもっているからだ。

知恵は、「深く見る」ことや「深い経験」によって生まれる。知性によって知識を得たり、耳や目によって情報を得たりすることはできるが、第三の眼の助けなしに、調和やまとまりがあるものとして世界をとらえることはできない。

つながりあう全体を見る

言葉やイメージによってつかむことができる真実は部分的なものにとどまる。だが、目と口を閉じて理知を超えるとき、その人には、ホリスティックな真実を経験できる可能性が開かれる。経験なき知識は薄っぺらなものでしかない。知識が経験に支えられてこそ、世界を全体的で、神聖なものとして見ることができるだろう。現代世界に知識は豊富にある。けれど、そこに神聖さや全体性はあまり感じられない。深く見ることによって見えてくるのは、動物のいのち、植物のいのち、石のいのち、川のいのち、そしてすべてのいのちが神聖なものだということだ。

ふたつの目だけで見ているとき、私たちはすべてをバラバラなものとして見る。木は、土とは別のもの、枝に止まっている鳥は、木とは別のもの、花の周りをブンブンと飛び回る蜂は、花とは別のもの、というふうに。人もまた、自然とは切り離された存在だ。こうした表面的な知覚が「分離」の物語を生みだした。それに代わる新しい物語――それは、全生命の結合《ユニオン》と再結合《リユニオン》の物語だ。

深く見る者は、木と鳥をつながりあうものとして見る。鳥は木になる果実を食べ、そこに巣をつくる。木なしに鳥は存在できない。木のほうでも、鳥が落とす糞を肥やしにする。

人間も木のおかげで生きている。樹木の酸素・炭素循環なしに、どうやって生きられるだろう。蜂がなければ受粉はなく、受粉がなければ食べものはなく、食べものがなければ生命はない。アインシュタインはこう言った。「蜂がこの世界から消え失せたら、人類は四年ともたないだろう」。見者であるアインシュタインは、生命の存在論的な一体性を見ることができたのだ。

万物は共存している。というのも、すべては土、空気、火、水という同じ要素でできている。だから一体なのだ。深く見ることによって、すべてがつながりあっている、ということを私たちは理解する。その関係性が破られたら、私たちは生きていけない。私たちはミミズたちとさえ、聖なる関係でつながっているのだ。ミミズは日夜、土のなかで働いている。私たちのテーブルに食べものがあるのは、ミミズのおかげなのだ。実際、彼らは二十四時間、せっせと働いてくれる。ただ、土を肥沃にするために。ミミズがそうやって用意してくれた土があればこそ、私たちはたねをまき、食べものを育て、それを栄養とすることができる。あるインド人科学者の計算によると、一匹のミミズは一生のうちに六トンの土を耕す。充分なミミズがいてくれれば、耕運機もトラクターもなしですみそうだ。

食べものだけでは充分ではない。私たちには魂の栄養も必要だ。それは、すべてのいのちとの一体感や生きとし生ける者への慈愛の感覚だ。からだのための栄養と魂のための栄養とはつながりあっている。

すべては深く見ることから始まる

この真理をつかむための方法が、深く見ることだ。すべての哲学、そして科学といわれるものはそこから発達した。見ることには忍耐力が必要だ。スローダウンしなければならない。ニュートンだってりんごの実が育ち、やがて熟して木から落ちるまで待たなければならなかったのだ。充分熟していれば、りんごの実は自分を木から楽に解きはなって、落下することができる。その過程をニュートンは注意深く観察して、引力を発見した。

ニュートンと同様、ブッダもまた大いなる忍耐力を発揮した。木の下に座った彼もまた長いあいだ、観察した。雲が来ては雨を降らし、木をうるおす。鳥がやってきてはその木をすみかとし、その実を食べる。ブッダは、木がだれを差別することもなく自分の実を与えるのをじっと見ていた。彼は、木が無条件の慈しみや愛や寛容を、身をもって表現しているのを見た。つまり、ブッダもまた木を観察することで慈愛のこころを発見したわけだ。

果実をいっぱいにつけた樹木は、「クレジットカードを持ってきたろうね」などと言わない。だれであろうと木にやってきたものに果実はタダで与えられる。

木の下に座ったブッダが見たのは、この互いにつながる関係性の全体像だった。木は沈黙のうちにコミュニケーションをとる。ブッダは木の知恵を聞いたのであり、深く見ることによって、悟りを開いたのである。

ダルシャンは、平凡を非凡へと変質させる。ふたつの目で木を見るだけでは、見えるのは幹や枝、葉や花だけだ。それが、酸素と二酸化炭素を入れかえるしくみをもっていることや、あるいは薪を生産してくれることも、ふたつの目で見られるだろう。しかし、第三の眼を通して見ることによってはじめて、平凡な木は聖なる木へと変身するのだ。そのとき、木は先生となる。その木の根もとに座ることによって、修行者は解脱へと至る。ダルシャンを通じて、山河は神々へと変身する。大地は天国に、石ころは彫刻に、生けるシヴァに、木材の内に潜むイメージは悟りを得たブッダになる。ダーウィンはミミズについて勉強したことから、生命世界全体の謎を解きあかそうと研究の道を進んだ。深い観察を通じて、彼はすべての生きものが同じ源から進化したということ、つまり、私たちを含むすべての生きものがつながっていることを〝見た〟。それは、単なる理知的な認識ではなく、同時に、モノの世界を超えるスピリチュアルな洞察でもあっただろう。

しあわせとは丸ごとであること

私のこの手がなかったら、ペンを握り、そのペンを紙の上に走らせることはできなかったろう。とはいえ、手が独力で書くことはできない。手には私の想像力の助けが必要だ。でも、そういう言いかたはおかしい。私のからだと想像力とは別々のものではないからだ。両者は分かち難く絡みあっている。物質しか信じないという唯物論者や、こころしか信じないという唯心論者には見えないが、第三の眼をもって見れば、こころとからだとが融合した世界を見ることができる。理論物理学者のデヴィッド・ボームはそれを、「全体性と内蔵秩序」と呼んだ。

全体性《ホールネス》があればこそ、癒し《ヒーリング》がある。壊され、分離されたとき、私たちは病む。丸ごとの自分をとり戻すとき、私たちは癒され、しあわせになる。**生きることの目的はしあわせであることだ。しあわせとは丸ごとであること**、と言ってもいい。じつにシンプルではないか。とはいえ、どうすればしあわせになれるかを知るのはそう単純ではない。必要なのは、そう、「深く見ること」だ。それによって、自分の行為の一つひとつがしあわせへと通じる方法を知ることができる。

たとえば、料理は単なる雑用ではなく、楽しみでもありうる。台所に入るとき、私はこうつぶやく。「さあ、料理をしよう。なんて楽しいんだろう。何か、すばらしいものをつくろう」。菜園に行くときも同じこと。「なんていい日なんだ。陽が輝いている。さあ、いい空気を吸いこもう。土に触れよう。たねをまこう。花の香りを嗅ごう」。行為を楽しみはじめる瞬間、その行為はしあわせの泉となり、人生は一変する。そうして、善と悪の二元論を超えた平静の境地に立つことができる。

この章では、「深く見る」という、とてもシンプルだが深遠なことについて考えてきた。それは、二元論から生じる二項対立——物質と精神、フィジカルとメタフィジカル、粗い面と滑らかな面――という溝に橋をかけるのに役立つ。しかし、さまざまな二項対立のなかでも、もっとも厄介なもののひとつが、科学とスピリチュアリティの対立である。とはいえ、もし私たちが「深く見る力」をしっかりと身につけて臨めば、この対立も容易に超えられるのではないか。次章では、この科学とスピリチュアリティの関係という複雑な問題を取りあげて、シンプルな答えを探してみよう。

「正」と「誤」の違いを超えたところに野原がある
そこで会おう

――ジャラール・ウッディーン・ルーミー（詩人）

第11章

科学とスピリチュアリティの融合

科学はスピリチュアリティと両立できるというばかりではない
科学はスピリチュアリティにとっての深遠なる泉なのだ

——カール・セーガン(天文学者、SF作家)

測れるものと測れないもの

「エレガント・シンプリシティの哲学」を身につけるためには、科学とスピリチュアリティの関係について考えてみる必要がある。この両者は、北極と南極ほどに正反対だと思っている人たちがいるが、はたしてほんとうにそうなのだろうか。

科学は測れるものを扱い、スピリチュアリティは測れないものを扱う。このふたつの側面は、ともに、私たちの暮らしのなかに組みこまれている。自分のからだを考えてみよう。体重、身長、肩幅から身体内部の構造まで、計測することができる。でも、知的な能力はどうやって測るか？　ＩＱテストなどによってその一部を推し測ることはできるかもしれないが、知性の全貌をとらえることはできない。また、私たちには友だちや家族への愛情といった感情もある。愛は測れるだろうか？　スピリチュアリティは、そういった測ることのできないものに関わっている。測れるものについては、測ることも必要だろう。しかし、人生には計測不可能な次元があるというこの真理も、受けいれる必要がある。

科学のうちにも、複雑系科学、カオス理論、ガイア仮説、進化論など、スピリチュアリティに近接した理論がある。なかでも、量子物理学は意味と計測のあいだに橋を渡そうとしている。量子はそれ以上分割することができない最小レベルの物質でありエネルギーだ。このエネルギーレベルでは、すべてが関係しあい、つながりあっている。私の科学者の友人たちによると、量子力学の次元では、すべての現象は潜在的可能性にとどまるという意味で、意識は量子物理学と近いのだという。意識の意味についても同じことが言える。現実が顕現する前に、隠れた可能性が存在する。それをスピリチュアリティの言葉で意識と呼び、科学の言葉では量子力学と呼ぶ。

フィジカルとメタフィジカルの融合

私たちは物質を計測できるが、意味を計測することはできない。書かれた文章について、何百語あるとか、一ページに何字入るかとか、使われた単語の数やあるスペースに入る分量を測ることはできる。でも、単語の意味や文章の質を測ることはできない。意味は、それを「感じる」こと、「わかる」ことはできても、測ることはできない。言葉というフィジカル（物質的）な現実はあるが、意味はメタフィジカル、つまり物質を超えた次元にある。法律にもふたつの側面がある。法律の条文という次元と法律の精神性という次元だ。両者は融合してひとつの現実となる。片方はもう片方なしに存在できない。

科学にはスピリチュアリティが必要

科学は、私たちの生活がうまくいくために必要な道具や技術を与えてくれる。それらの特徴は、合理性、論理性、実証性、計測性、反復可能性などだ。いっぽう、スピリチュアリティは、愛、慈悲、寛容、共助の感覚などを与えてくれる。これらも必要だ。

もし、価値、知恵、倫理、美などを含むスピリチュアルの次元がなかったら、科学は道に迷ってしまうだろう。それを導いてくれる価値観をもたない科学は核兵器をつくりだしてしまう。もしも、科学者の行動をスピリチュアリティが先に立って導いているなら、兵器やほかの破壊的な道具を発明する前に、踏みとどまることができるだろうに。いったいなんで地球温暖化が起きるのだろうか？　その理由も、スピリチュアリティのガイドなしに、科学者たちが商工業にとっての利害しか考えずに働いてきたからだ。彼らが次々に生みだす科学技術が、気候変動のような地球的な危機の数々へとつながっている。

たとえば、現代の科学的な大規模農業は、温暖化の原因である温室効果ガスの一八パーセントを排出しているという。もしも農業がスピリチュアルな価値に支えられていたら、状況はとても違うものになっていただろうに。

バイオダイナミック、アグロエコロジー、パーマカルチャーなど、スピリチュアルな農業は生きている土や生物の多様性の価値を強調する。それと対照的に、工業的で〝科学的〟な農業では、生産量の最大化と労働力の最小化以外の価値を認めない。現代的な農業は、コンバイン収穫機や巨大なトラクター、化学肥料、除草剤や殺虫剤などの農薬、そして遺伝学的に操作された種子などを駆使するが、それは、土や動物などへの尊敬という価値をもっていないからできることだ。科学的な農業では、もう食べものは神聖なものではなく、単なる利益を生む商品にすぎない。どうりで、何百万という牛や豚や鶏が、一生のあいだに一度も外の光に当たれないような動物工場のむごたらしい状態のなかに閉じこめられているわけだ。これは、魂を失った科学技術がいかに有害な結果をつくりだすかを示す一例にすぎない。まちがいなく、農業にはスピリチュアリティが必要だ。

　スピリチュアリティを大切にして、みんなにとってよいことのために働く科学者もいる。しかし、科学の多くは、貪欲、戦争、浪費、汚染、搾取、不正などに支配され、利用されている。**科学は変わらなくてはならない。人類と地球のために奉仕する科学へと。**

スピリチュアリティにも科学が必要

二十世紀のもっとも偉大な科学者のひとりであるアインシュタインは、宗教なき科学も、科学なき宗教も、無益だと考えていた。科学者がスピリチュアルな価値を受けいれるのと同じように、宗教者も科学を抱きしめることだ。

深い霊性を達成した人たちのあいだには、物質世界における問題に向きあいたがらない傾向がある。少しずつ状況は変わってきたとはいえ、かつて長いあいだ、瞑想やヨガ、哲学や詩といった分野に秀でた社会でも、科学的な方法論をもたなかったために、飢え、物質的な欠乏や貧困に苦しんだということもあった。アインシュタインの言うとおり、科学をもたないスピリチュアリティでは不充分なのだ。

科学なき宗教やスピリチュアリティは、しばしば、原理主義を生みだす。ヒンドゥー教、仏教、キリスト教、イスラム教から原理主義が出てくるのは、科学や理性、計測や論理的な思考が拒絶されるときだ。経験知や実証を欠いたスピリチュアリティは妄信に陥りやすい。妄信する人は、聖典に書かれていること以外は、見ることも信じることもできない。それが聖書であろうが、コーラン、トーラー、ギータであろうが、そこにある言葉は絶対なる神の言葉だ。この人たちにとって、真理はひとつしかなく、その真理を手にしているのは彼ら自身である。そしてだれもが、その真理に従わねばならない。彼らは真理の複数性や多様性を認めない。彼らは宣教師となって、他の宗教をもつ人たちを、自分たちの宗教へと改宗させようとする。

言うまでもなく、太っ腹で広いこころをもつ宗教者たちもいて、科学的な態度を受けいれているが、その数はいまだ少数にとどまる。組織化された宗教の多くは、教条主義や原理主義や排他主義といった傾向から自由とはいえない。宗教の多様性、そして真理の多様性を受けいれることができないのだ。

両輪で走る

そんなわけで、**科学とスピリチュアリティは、お互いを必要としている**のだ。ここにはなんの矛盾もない。両者のあいだには対立はない。スピリチュアリティは私たちに知恵と価値を、科学は道具と技術を与えてくれる。私たちにはその両方が必要だ。これが、「ホリスティック（包括的）」で「インクルーシブ（包摂的）」な思考というものだ。そこでは、何ものでも、適正な規模とバランスのなかで、それにふさわしい場所を与えられている。たとえば、昼と夜はちょうどよいバランスを保っている。たしかに夏は日が長く、冬は夜が長いが、それでも全体としてバランスがとれている。科学とスピリチュアリティにも同じような均衡が求められる。そして、それを実現するためには、信仰者と科学者の双方に謙虚と寛容の薬が必要だ。

そもそも、スピリチュアリティや宗教的経験そのものは、特定の信仰体系となんの関係もない。「信じる」ということはこころを閉じることを意味する。「私は神を信じる」「輪廻転生を信じる」「キリストの復活を信じる」「処女懐胎を信じる」…。その中身はなんであれ、「あれを信じる」「これを信じる」と言ったとたん、その人はこころを閉ざしているのだ。

スピリチュアリティとは信心ではなく、愛に関わっている。スピリチュアルに生きる者とは、つねに真実や精神的な覚醒を求めて歩く旅人であり、巡礼者である。その人がどこかで、〝答え〟を見つけることはない。スピリチュアリティは過程であり、終わりなき探検である。スピリチュアリティは目的地ではない。同じことが科学についても言える。それはつねに進化を続ける探求だ。科学者は真実を求める。科学者は決してこんなふうに言わないだろう。「これで終わり。目的地に到達したから、もう研究は必要ない」。もし、そう言う人がいたとしたらそれは、こころを閉じて、信じる者になったということだ。信者となれば、知性や知覚によって自分をとりまく世界から、そして自分自身の経験から学ぶことをやめてしまう。そのとき人は、科学の道も、スピリチュアリティの道も、踏みはずしてしまったのである。

科学を通して、スピリチュアリティを通して、私たちはいつも新しい洞察や知恵を探している。それが、私たちを教条、頑固さ、妄信から解きはなってくれる。科学とスピリチュアリティ、物理学《フィジックス》と形而上学《メタフィジックス》、その両者は、パートナーとして一緒にダンスすることができる。いや、ダンスしなければいけないのだ。

この〝踊り〟が実現するようにと、私はキリスト教でいう「三位一体」の現代版をつくってみた。人間が自然と調和して生きること、自分自身の魂を大切にすること、そしてすべてのコミュニティに平和で公正な世界をいきわたらせること。そうした私たちの願いが、ソイル・ソウル・ソサエティという三つの言葉に込められている。最後の章でこの三つの言葉について概観することにしよう。

人生はシンプルだ
しかし、私たちはそれをなんとか複雑にしようとしている

——孔子（思想家、儒学の始祖）

第12章

ソイル・ソウル・ソサエティ

土と魂と社会

私たちはつながりあう世界、つながりあう時間のなかに、生きている
ならば、つながりあう諸問題には、全体をひとつにつなぐホリスティックな解決法が必要だ

——ナオミ・クライン（ジャーナリスト）

三つのS

「簡素」で美しい《エレガント・シンプリシティ》人生を送るためには、人間という存在がもつ三つの側面に注目する必要がある。それはSで始まる次の三つの言葉で表される。土《ソイル》（soil）、魂《ソウル》（soul）、社会《ソサエティ》（society）。

それぞれの時代に、「時代精神」といわれるものがあり、それがセットになった三つの言葉で表されてきたようだ。フランス革命の合言葉だった「自由《リベルテ》・平等《エガリテ》・博愛《フラテルニテ》」は、革命が目指す理想をよく表していたかもしれないが、人間と自然との関係性やスピリチュアリティには無関心だ。この三語は、社会的、政治的な理念だけに限られている。

キリスト教の伝統には、そのスピリチュアルな理想を示す「三位一体《トリニティ》」、「父・子・聖霊」がある。三つとも神の現れであり、本来は一体だという教えだが、そこには社会的な側面もエコロジカルな側面も欠けている。ニューエイジ運動にも「マインド・ボディ・スピリット」という新時代の「三位一体」があったが、ここには、人間と自然との関係も、人間と人間との関係も抜けている。三つとも、自分のこころ、自分のからだ、自分の魂という個人の健康やバランスについての関心を表している。

アメリカという国にも「いのち《ライフ》・自由《リバティ》・幸福《ハピネス》の追求」という三つの言葉のセットがある。でもこれも、人間のいのち、人間の自由、人間の幸福に限られている。私がアメリカを訪ねるときには、人びとにこう問いかけることにしている。

「もう何百年もしあわせを追求してきたようですが、いつまでも追求ばかりしていないで、ただ、しあわせでいればいいんじゃありませんか！」

これらの「三位一体」はそれぞれ、特定の時代に人びとが求めたものを表現している。さて、二十一世紀はエコロジーの時代だ。二十世紀はエコノミーの時代だった。自由貿易、ＷＴＯ、世界銀行、ＩＭＦ、多国籍企業などが主役だった。どの国の政府も経済にとり憑かれてしまった。学校も大学も若者たちを経済システムにぴったり合うように仕立てあげようとした。この経済中心のやりかたが自然環境に与えた影響は破滅的なものだった。地球は試練の時を迎えている。ならば、二十一世紀はぜひともエコロジーの世紀でなければならない。政府もメディアも、産業界も教育界も、森林に、野生に、水や土に関心を示しはじめている。そこで、このエコロジーの時代にも新しい三位一体が必要になる。今度のは、欠けていない全体を表すホリスティックなもの、つまり、同時にエコロジカルで、スピリチュアルで、社会的《ソーシャル》なものでなければならない。というわけで、私は、「ソイル・ソウル・ソサエティ」の新三位一体を提案したい。

ソイル

土《ソイル》（soil）を表すラテン語は「フムス」。この「フムス」が語源となって、ヒューマン（人間）とヒューミリティ（謙虚）という言葉ができている。だから、英語で「私はヒューマン・ビーイング（人間）です」と言えば、「私は土の存在です」、「私は大地の者です」と言っていることにもなる。つまり、土より優れた存在なのではなく、土でできている存在だと認めている。土というのはじつに謙虚な存在だ。それはつねに、私たちの足下にひれ伏していて、私たちより上にくることはない。土が謙虚であるように、ヒューマンである私たちもまた謙虚であるべきだ。**謙虚さを失うとき、私たちは人間性《ヒューマニティ》を失う。自然と、地球と、そして土と一体になることが、私たちが人間的であるためにもっとも大切な質なのだ。**

　都市文明は私たち人間をフムス、つまり土、から切り離してしまった。文明を意味する「シヴィライゼーション」の語源であるラテン語の「シヴィック」は都市に関わる言葉だ。ヨーロッパでは、フィレンツェ、ウイーン、プラハ、ベネチア、パリ、ローマ、ロンドンといった都市を舞台に文明をつくりだした。インドの古代語であるサンスクリット語には、「文明」にあたる言葉はない。そこにあるのは「文化」にあたる言葉だけだが、この文化は田畑や森で育まれるものだった。偉大な哲学書や詩、物語などは、森に住む賢人、詩人、思想家によって書かれた。インドの文化は森の文化だといえる。それは土に根ざしている。じつは、英語のカルチャーという言葉も、土を意味する古英語に由来している。

ルネッサンスや啓蒙思想の時代以来、私たちは、人間こそが進化の頂点を示しているという世界観を発展させてきた。その都市文明のなかでは、自然は人間に使用され、利益をもたらすだけの存在だとみなされた。いっぽう、土に根ざした先住民の文化や、道教的文化、仏教やヒンドゥー教の文化などでは、人間はほかの生きものたちと同様に、自然世界の一部であると考えられている。

人種差別主義《レイシズム》や国家主義《ナショナリズム》がそうであるように、人間優先主義《スピーシージズム》もまた、私たちの思考を狭めてしまう。ほかの生物種をさしおいて、人類という種だけに特権を与えよ、と要求しはじめる。ホリスティックでエコロジカルであろうとすれば、私たちはこうした人間優先主義をも超えていかなければならない。

人間優先主義のもとになっているのは、人類だけが意識をもって生きており、ほかの生きものには精神というものがないから、人類が優れている、という考えかただ。この考えは私たちに、土には魂がなく、地球は岩の塊にすぎず、自然に意識はない、と思いこませようとする。これこそが、われらが都市文明の致命的な誤りだ。世界中の伝統的文化は、自然は生きており、そこには魂がある、と信じている。土《ソイル》はソウルフル、つまり魂《ソウル》に満ちているのだ、と。

私たちは土を利用して、食べものを、衣類を、家屋をつくる。この過程で、土が損耗《そんもう》することがある。そのときに、土に堆肥を補ったり、しばらく休耕したりして、土を回復させるのは、私たちの義務だ。

「土」という言葉はメタファーとして、環境や自然のあらゆる関係性を表現する。すべては土からくる、というのはそういうことだ。森、食物、家、衣服は土から生まれる。私たちのからだは土から来て、そして土へと還る。土はいのちの源だ。ほんの七、八センチメートルの表土があらゆる生命を支えている。土がなければいのちもない。もし私たちが土を守り、大切にすれば、すべては放っておいてもうまくいく。

炭素固定でも土はもっとも効果的だ。炭素をみごとに蓄えてくれる土だが、現在では、その炭素が欠乏している。それは、私たち人間が土を掘りかえし、鋤《す》きかえし、限りなく利用しつづけるから。そして、失われた炭素をもとに戻してやろうともしない。だから、土の生命力は衰えている。もし、豊かな土を回復したいと思うなら、堆肥を入れ、土に優しく接することだ。深く掘りすぎず、表土を露出しすぎないこと。そうすれば、炭素の多い肥沃な土が戻ってくる。土に炭素を蓄えるのは、気候変動の影響を減らすためのたいへんよい方法だ。土は木よりも大量の炭素を固定できる。これが土のすばらしさというものだ。

スピリチュアルな科学者であるヴァンダナ・シヴァは著書『ソイル・ノット・オイル（石油ではなく、土を）』で、土の特質を論じ、いかに土が、文字どおり、全存在の〝土台〟だと言えるのかを説明している。私たちは石油に依存しはじめてからというもの、土のことを忘れてしまったかのようだ。今では多くのものが石油由来だ。ナイロンやポリエステルでつくった衣服はもちろん、食品の生産も石油に頼っている。輸送、加熱や暖房、照明をはじめ、多くが石油に依存している。いや、石油という限りある資源への依存症にかかっていると言ってもいいだろう。石油が枯渇したときにいったいどうするのだろう。まるで「オイル、オイル、オイル」と呪文を唱えているようなものだ。石油や石炭という化石燃料は地下の暗黒世界からやってくるダークなエネルギーだ。それに依存するより、太陽光、風、水といった輝かしいエネルギーへとシフトする必要がある。今こそ土を見なおそう。もし、オイルからソイルへ移行できたら、人類も地球も長寿を全うできるだろう。

『ザ・リビング・ソイル（生きている土）』の著者で、「ソイル・アソシエーション（英国土壌協会）」の創設者でもあるレディ・イヴ・バルフォアを訪ねたことがある。彼女は庭を案内してくれた。それは四月の終わりのこと、ほかの家の庭には難しいこの時期なのに、彼女の庭は元気で、草花も作物も花ざかりだった。こんなにすてきな庭の秘訣は何か、どんなことをしているのか、と私は尋ねた。レディ・イヴは答えた。「私は何もしていませんよ。ただ、土を大切にしているだけ。あとは土にみんな任せて」

土こそが鍵だ。「ザ・ガーディアン」紙の環境部門の編集者であるジョン・ヴィダルはこう書いている。

「土の侵食による直接の結果として、過去四十年のあいだに三〇パーセントにおよぶ農地が生産性を失い、鳥類や動物の著しい減少を招いている。土はあらゆる資源のなかでもっとも貴重なものだが、国々は次から次へと、土が流失し風化するに任せている」

　近代的な社会は土に価値をおかない。代わりに、石油やお金、工業、インフラに価値をおく。政府の頭のなかには土は存在しない。国会議員や政治家たちの演説を聞いてみればいい。発せられる何百万という言葉のなかに「土」という一語はない。環境大臣さえ、土の重要性を語らない。メディア、学校、大学、ビジネスの世界でも土に言及することはほとんどない。しかし、私たちは土について語らなければならないのだ。土に堆肥を入れ、土の肥沃さを守るべきことを。土への愛を学ばなければならない。土こそ、自然界の女王だ。

ソウル

土《ソイル》と同じように、魂《ソウル》（soul）を使ったら補充する必要がある。話すときも、考えるときも、感じるときも、私たちはつねに魂の力を使っている。心配するときもうれしいときも、楽しいときも恐れるときも、魂のエネルギーを使う。とすれば、魂のエネルギーを補充したり、疲れを癒したりする方法を見つけなければならない。だからこそ、すべてのスピリチュアリティの伝統が、魂の癒しのテクニックを発展させてきたのだ。

瞑想はそのうちのひとつだ。瞑想とはマインドフルに生きる方法だと言ってもいい。それは注意深くあること、静かなこと、おちついていること、沈黙すること、じっと動かないでいること、そして平静なこころで生きること。自分のこころのありようを知っていれば、私たちはしなやかで、迷いから自由でいられる。困難な状況のなかでも、内面の力でやっていける。逆に、慈愛、親切、寛容といったこころの特質を育てることができる。そしてそれらが、よろこび、満足、しあわせを私たちの人生に招きいれるだろう。

瞑想では、内なる世界と外なる世界が出会う。ソイルとソウルがひとつになる。からだとこころ、物質と精神が統合される。スピリチュアルな仕事とソーシャル（社会的）な仕事が一体となる。だれかがこう言うかもしれない。

「私は活動家だから、瞑想なんかしている時間はないし、スピリチュアルでいる暇なんかない。私はただ活動していればいいの」

活動家であるのはいいことだ。でも、いい活動家であるには、内面的な強さが必要だ。内なるしなやかさがなければ、外なる活動は長く持続できないし、その人はいずれ燃えつきてしまう。偉大な活動家を見てみれば、それが同時に魂を大事にしていた人たちであることがわかる。その最良の模範であるマーティン・ルーサー・キングとマハトマ・ガンディーのふたりは、スピリチュアリティと政治、社会活動を組み合わせ、調和させた。ガンディーはどんなに忙しくても、朝夕の瞑想を欠かしたことはなかった。キング牧師が祈りを忘れることはなかった。瞑想も祈りも、自分自身のために時間をとること。自分自身を放ったらかしておいて、どうしてほかのだれかに自分の世話を期待できるだろう？

自分を大切にすることは利己主義ではない。あなたが自分に食べものを与えれば、元気が出て、ほかの人たちを食べさせるために働くこともできる。「食べている暇なんかない、世界を救うのに忙しいんだから」などと言うだろうか？　いやいや、世界を救うのはもちろんだが、あなた自身をまず救わないと、ね。

あなたは大宇宙のなかの小さな宇宙。宇宙が丸ごと、あなたという〝自己〟のなかにある。これが「ビッグ・マインド」思考だ。「アニマ・ムンディ」、宇宙霊魂。宇宙の魂と個々人の魂は別々のものではなく、つながりあっている。

アメリカの心理学者で『ケア・オブ・ザ・ソウル（魂の世話）』の著者トーマス・ムーアによれば、人間の魂は、すべての活動、想像、思考の土壌となる。魂の世話をすることなしに、私たち人間が満足やしあわせを見いだすことはできない。魂が飢えていれば、人生で何ひとつ成就することはないだろう。

魂を大事にするということは、自分自身を知るということでもある。私はだれ？

私が生きていることの意味は？　どうして私は地球に生きているの？　この世界、友だち、家族、同僚と、私との関係は？　これら魂の問いに、私たちは日々向きあう必要がある。それらの問いを思い、考えるための時間が必要なのだ。それは自分自身であるための時間。そして他者とつながる時間。魂は「よき関係性」を希求している。からだは、この魂の関係性のための乗りもの。私たちはからだを使って相手を抱擁するが、じつは、抱擁しているのは魂なのだ。魂がなければ、愛も友情もない。そんな抱擁は空っぽだ。

からだにごはん、野菜、パン、スープが必要なように、魂にも友情が、愛が、共感が必要。美やアート、歌や絵、想像と瞑想、沈黙と孤独が必要なのだ。これらはみな魂に不可欠な食べもの。その栄養が足りなければ、私たちは苦しむことになる。いったいなぜ、これほど多くの人びとがうつや精神疾患で苦しんでいるのだろう？　なぜ、夫婦や親子の対立がこれほど多いのだろう？　それらはみな魂を大切にしなかったことの結果ではないだろうか。からだの健康に注意を払い、大きな家、大きな額の給料、大きな車とテレビとコンピュータをからだには与えていても、魂のための時間はないという。愛のためにも、瞑想のためにも、子どもたちのためにも暇がない。意識やエネルギーのほとんどを「持つこと」に費やしているのに、ただ自分自身で「あること」に費やす時間がないとは！

魂はしあわせを求めている。私たちはからだを動かす活動を通して、しあわせを感じる。身体活動という道を通って、私たちは魂に至る。このように、ボディとソウルは互いを支え、助けあうことでしあわせを見いだす。

しあわせはだれもが生まれながらにして与えられている権利。それを奪われることがあっていいわけはない。お金、車、コンピュータならまだしも、しあわせを盗ませてはいけない。しあわせは、自然環境の持続可能性にも劣らず大切な、人間の持続可能性にとっての鍵なのだから。

ソサエティ

社会《ソサエティ》がしあわせであるためには、まず社会が人間の尊厳、平等、公正といった原理の上に建てられていなければならないだろう。だれかが何千、何万ヘクタールもの土地を所有しているいっぽうで、ほかの人びとが何ひとつ持っていない状態が正しいわけがない。オーストラリアには、ひとつがテキサス州ほどの広さをもつ農地がいくつかあって、農民たちがその端から端まで行くのにはヘリコプターが必要だという。これは自然界に最初からあった姿ではない。これは人間たちによってつくりだされた不正な〝秩序〟だ。社会のしくみというものは、公正さ、持続可能性、そしてスピリチュアリティを基盤としなければならない。不正に満ちた社会に生きているとき、自分自身の魂のしあわせを得ることもまた容易ではない。

霊や魂を意味するスピリットという言葉は、「呼吸」を意味するラテン語のスピリトゥスに由来する。科学者のリチャード・ドーキンスが私にこう言ったことがある。「クマールさん、私はスピリチュアリティを信じていません」。私はそれにこう応えた。

「ドーキンス教授、あなたは呼吸を信じないのですか？」

「え、どういう意味ですか？」とドーキンス。私はこう言った。

「スピリチュアリティとは呼吸のことです。私とあなたはこうして一緒に呼吸していますね。これがスピリチュアリティです。私たちは息を分かちあっています。だれかを愛するとき、互いの腕で抱きあうときも、私たちはともに息をする。ひとつになる。息を通じて、私たちはつながりあうのです」

いのちは呼吸によって維持される。ともに息をする、という呼吸の共同性を通じて世界との関係性を感じた瞬間、私たちはスピリチュアリティを感得している。共同性というよき関係のなかで、共感、愛情、寛容、奉仕といったスピリチュアリティの特質は発揮される。

人が機械の部品のように扱われる大衆社会や企業社会のなかにはスピリチュアリティのための場所がほとんどない。第一、隣に住んでいる人のことも知らないで、どうやってスピリチュアリティを発揮したり、よき関係を結んだりすることができるだろう？　隣近所の人たちと会う機会すらないパリ、ニューヨーク、東京、ムンバイといった大都会で？　意味のある**人間関係を培うには、小さなコミュニティが必要であり、人間らしいスケールをもつ社会をつくる必要がある。**大都市でのスピリチュアルな生きかたは容易ではないが、それでも、隣近所の感覚を育むことを通じて、コミュニティを形成したり、互いに助けあったりして、孤立した個人という檻から脱けだすこともできるだろう。

「ヒューマン・スケールの社会」はスピリチュアルな命題だ。マハトマ・ガンディーは、地域分散型の、村落単位の小規模ローカル経済を重要視した。小さな共同体であればこそ、顔の見える親しい関係でつながり、互いに世話をやくことも、「ともに息をする」こともできるから。

私たちは、平等で公正な社会を必要としている。だが現代社会のデザインはあまりに不自然だ。自然の世界では動物や鳥も、森も不正に苦しむなどということはない。すべての動物は小さなものから大きなものまで、蚊やミミズから、象やライオンまで、自然というしくみのなかで必要な食べものを、水を、すみかを得ている。なんとすばらしいしくみだろう。動物界には首相も大統領も財務大臣もない。国会も監獄も裁判所もないし、戦争もない。それは、おのずと組織され、運営される、まさに〝自然な〟しくみなのだ。満腹の虎は、ほかの生きものにかまわず、寝る。鹿が横を通りすぎても放っておく。狩は食べる分のためで、冷蔵庫に入れておくためではない。虎のコミュニティには、貪欲という言葉はないのだ。

その点、人間社会はどうだろう。だれにでも食べるものとすみかがあるようにはデザインされていない。何百万、何千万の人びとが空腹で、住む場所もなく、飲み水もないような暮らしをするいっぽう、食べものを無駄にして、着きれないほどの服をためこんでいる人たちがいる。金持ちはいくつもの家を空家のままにしておき、貧乏人には住む家もない。

政府の分析によるとイギリスでは四割近い食物が無駄に捨てられている。賞味期限が過ぎたスーパー・マーケットの食品は埋立地に行き、温室効果ガスを発生する。それでもスーパー・マーケットはこうした食べものを飢えた人びとにあげようとはしない。法律違反になってしまうから。これが私たちの法というしくみだ。食べものを無駄に捨てることは合法で、飢えた人に食べものをあげるのは不法。とても不公平で不公正な社会というしかない。経済のデザインもまた貧弱だ。それは格差を、弱者からの搾取を永続化してしまう。

今こそ、二十一世紀のためのホリスティックなビジョンを私たちは掲げなければならない。経済の、社会の、そして政治のシステムをデザインし直すのだ。そこでは、だれも肥満になったり、空腹であったりする必要はない。無駄にされる食べものもなく、残ったものは堆肥化されて土に還る。食べものを無駄にすることが不法だ。

現代産業社会にのしかかる最大の呪い、それはゴミ問題だろう。鉱山、畑、森林など、自然界から貴重な資源をとり出しては、消費のための商品へと加工し、使用し、埋立地に捨てる。この直線的《リニア》な経済は、循環的な自然界の〝経済〟と対照的だ。私たちは自然から学ばなければならない。循環型の経済を創造しなければならない。自然ではすべてがサイクルのなかにある。時間のサイクル、命のサイクル。すべては輪を描いている。太陽は、月は、そして地球は丸い。木も丸いし、私たちの頭も丸い。経済もまた丸くあるべきだろう。自然から取りだしたものは、すべて使い、その後すべて、また自然に戻りやすいかたちにして返してあげる。そうすれば、無駄、つまり、ゴミは出ない。これはあたりまえのことだが、残念ながら、今や、常識は常識ではなくなってしまったらしい。

ホリスティック思考は、土《ソイル》と魂《ソウル》と社会《ソサエティ》という三つの側面をひとつの大きな全体像のなかにもちこむ。この三つが私たちの時代の新しい「三位一体」だ。環境の持続性だけあれば、スピリチュアルな暮らしだけあれば、社会正義だけあれば、それでよしといった、ひとつの問題《シングル・イシュー》にのめりこむ部分思考なら、整理整頓にはいいだろう。しかし、こうしたシングル・イシューに執着する狭い考えかたには、多くの成果を望むことはできない。なぜなら、すべての問題は互いに絡みあっているのだから。

ソイル・ソウル・ソサエティのバランスがとれているとき、人類全体、地球全体にとっての持続可能な未来は、まさに可能になるだろう。そうなれば、人間は百年、千年と言わず、何千年もの未来をもつことになるだろう。

節度よりよいものはまたとない
節度ある人とはどんな人かって？
それは空のように寛大、
山のように堅固、
風に揺れる木のようにしなやかだ
行く先を知らず、
いのちがもたらすものは、
なんでも使いこなす

──老子（思想家、道教の始祖）

謝辞

多くの友人や関係者の協力なしに、本書を実現することはできなかった。

何よりもまず、私の妻であり四十五年来の伴侶であるジューンに深い感謝の意を表したい。

彼女は何か月にもわたって、私の原稿を辛抱強く、熱心に編集・修正してくれた。本書に書かれている考えやテーマの多くは、長年にわたる私たちの会話の中から生まれたものだ。ありがとう、ジューン。

また、娘のマヤも多くの時間と労力をかけて吟味したうえ、原稿に編集を加えたり、実用的かつ哲学的な改良を加えてくれたりした。ありがとう、マヤ。

「リサージェンス」誌の同僚であり、今回もまた、何度も丹念に校正してくれたリン・バテン氏に感謝する。ありがとう、リン。

また、長年にわたって私の活動を丁寧にサポートしてくれているイレーヌ・グリーンにも感謝したい。本書にとっても、イレーヌの支えは貴重だった。ありがとう、イレーヌ。

シューマッハー・カレッジの同僚であるウィリアム・トーマスが録音してくれた「炉端のおしゃべり《ファイアー・サイド・チャット》」での私の話も、本書に使われている。それを書き起こしてくれたリー・クーパーは、忙しいスケジュールの中、このプロジェクトのために時間を割いてくれた。ウィリアムとリーに感謝する。

思慮深いアドバイスと深い洞察力をもって、この本に大きな貢献をしてくれたモニカ・ペルドーニにも感謝したい。

最後になったが、ニューソサエティ出版社との仕事は私にとってとても楽しいものとなった。ロブ・ウエストをはじめとするチームの皆さん、本書に関する問題の数々に、迅速に手際よく対処していただき、どうもありがとう。

サティシュ・クマール

解説

フリチョフ・カプラ（物理学者）

サティシュ・クマールは数奇な人生を送ってきた。インド、ラジャスタン州の小さな村に生まれ、九歳にしてジャイナ教の遊行僧となるために家を出る。彼によれば、父親の急死による悲しみに打ちひしがれていた少年の心をとらえたのは、あるジャイナ僧の言葉――世俗の社会を捨て、僧の道を歩めば、自分自身を死から解放する涅槃の境地に達することができる――だった。

それから九年、若きサティシュはジャイナ僧としての厳格な生活を送る。毎日歩き、身体を洗うことなく、たびたび断食し、日々長時間の瞑想を行う。十八歳のとき、彼は隠れて読んだマハトマ・ガンディーの本によって、世界を捨てるのではなく、世界のために働くことによって、スピリチュアリティを磨くことができるのだということを知る。ガンディーの教えに感動したサティシュは、ジャイナの僧団を離れ、ガンディーの親友であったビノーバ・バーベのアシュラムに入った。

ビノーバとともに、何百キロメートルもの道を歩き、インドにおける農地改革を訴えた。彼はこう記している。「僧侶として私はいくつかのアートを学んだ。歩くこと、断食すること、考えること、そして瞑想すること、だ。ブッダガヤのアシュラムでは、料理、畑仕事、糸紡ぎや服づくりのアートを学んだ。ビノーバからは、ものづくりをしながら瞑想すること、歩きながら不動のこころを保つこと、を教えてもらった」。やがて彼自身も平和巡礼の旅に出ることになるが、そのきっかけとなったのは、イギリスの哲学者で平和活動家のバートランド・ラッセルから得たインスピレーションだったという。ニューデリーのガンディーの墓所を起点に、彼は仲間とふたりで、当時の四つの核所有国の首都であるモスクワ、パリ、ロンドン、ワシントンD.C.へと歩いた。無銭で、見知らぬ人びとの親切ともてなしのこころだけを頼りに、二年以上の月日をかけて、一万三千キロメートルもの道を歩いた。

一九七三年、サティシュ・クマールは英国に住みつき、雑誌「リサージェンス」の編集主幹となる。編集者としての彼は、著書『スモール・イズ・ビューティフル』で有名なE・F・シューマッハーの文章をシリーズとして刊行し、やがて、この雑誌をもっとも重要な、もっとも美しい、エコロジー誌へと育て上げた。これと並行して、サティシュ（世界中の友人や弟子たちが彼をそう呼ぶので、私もそうすることにする）は、一連のエコロジカルなプロジェクトに影響を与え、自らも事業を立ち上げたり、率いたりした。この中には、彼の住むデボン州北部のハートランドにつくられた「スモール・スクール」という学校、毎年恒例の「シューマッハー・レクチャーズ」という催し、そしてエコロジー教育のセンターとして有名なデボン州南部のシューマッハー・カレッジが含まれている。

ありがたいことに、私はサティシュと三十年以上のあいだ、友人として、また同僚としておつき合いをさせていただいている。その間、私は度々、彼があれほど多くのことに取り組んでは、次々に成功させていく秘訣は何か、と首を傾げてきた。その答えがこの本に書かれていると私は思っている。

本書は、「シンプリシティ」というレンズを通してみるスピリチュアリティの本質についての思索だ。それは、少年僧、ガンディー主義活動家、エコロジー哲学者、教育者、スピリチュアルな指導者などとしての、彼の生涯にわたる豊かな体験に裏うちされている。

サティシュは本書でも、そのスピーチや文章の特徴である美しく、雄弁で、情熱的な語り口で、内面的なスピリチュアリティの縦糸と外面的なシンプル・ライフの横糸とを編み合わせていく。ガンディーにとっての非暴力がそうであったように、サティシュにとってのシンプリシティは「何もしないこと」ではない。シンプル・ライフは巧みに生きることだと彼は言う。また、シンプルは快適さを犠牲にしない。サティシュによれば、それは逆だ。「モノが余計にない、簡素でスッキリとした生きかたをすることは、快適な生活をあきらめることではない。『美』は、所有するものを最少化し、同時に心地よさを最大化することのなかに内在している。過剰は混乱を、簡素は清澄を生む」

無駄なものが集まってガラクタの山をつくり、混沌を生むのは、個々人の暮らしのなかだけの話ではない。サティシュによれば、それは世界全体についても言える。ぜいたくな暮らしが無駄を、環境汚染を、貧困を生むのだ。だから、シンプル・ライフは社会正義についての態度表明でもある。サティシュはガンディーの言葉を引用する、「シンプルに生きる。そうすれば、他の人びとも生きられる」。〈エレガント・シンプリシティ〉を実現するためには、シンプルなこころと魂を育むことだと、サティシュは助言してくれる。「思考をシンプルにして、こころのなかを簡素にすることが、物質的なモノへの欲望を減らすことにつながる」。そして結局は、「逆説的に見えるかもしれないが、シンプルな生きかたが与えてくれるのは、あふれる豊かさなのだ」と。

こうしたサティシュの言葉は、仏教の「マインドフルネス」の修行と共鳴している。そのことを彼自身がはっきり認めている。「シンプリシティとは、こころをこめて、マインドフルに生きるということだ」と。

シンプルで美しい暮らしとスピリチュアルな生きかたのつながりについてのサティシュのこうした思想が続く各章で、より詳しく論じられていく。

まず、彼が指摘するシンプリシティの意味は、重点を物質的所有の量から生活の質へと転換すること。つまり、モノを手に入れるという浅薄な幸福の影を追いかけることから、人間関係や自然とのつながりに深い充足を求める方向へとシフトすることだ。こうした量から質への転換がなければ、自然環境の持続性と社会の公正さを保証するような経済をうちたてることはできないと私自身も論じてきた。だからサティシュの「シンプルであることこそが、持続可能性への道です」という言葉には頷くしかない。

　では、どうやってそこに達することができるのか、という問いは当然、湧いてくるだろう。〈エレガント・シンプリシティ〉という理想はどうすれば実現できるのか？　サティシュによれば、こうすればシンプリシティが手に入るという公式やテクニックがあるわけではない。彼はこうアドバイスしてくれる。「くる日もくる日も、ただ、自分のこころの、思考の、言葉の、感情の、行動の、食事の、着るものの、住まいの、意図の、そして人間関係のシンプルさに気を配るようにする」と。それは最終目的地のない、一生を通じての作業だとサティシュは考える。それを踏まえれば、人生は巡礼の旅にほかならないという彼の結論にも納得できるだろう。「私にとって、〈エレガント・シンプリシティ〉は、巡礼という思想のなかに根づいている。巡礼者であるとは、外なるシンプル・ライフと内なるシンプル・ライフの両方を育むことだ。シンプルなこころが、シンプルな暮らしをしっかりと支える」

　こうした洞察に続いて、サティシュは自分自身の経験に裏うちされた、巡礼の本質をめぐる深い思索へと読者を導く。彼によると、巡礼者は予定らしきものをほとんどもっていない。「計画へのこだわりやとらわれから自由になると、そこに不思議なエネルギーが生じるものだ。ものごとがおのずからやってくるに任せる。そうすれば、奇跡さえ起こりうる」

サティシュは続ける。「巡礼のほんとうの意味は、執着、習慣、偏見などから自由に生きることにほかならない」そして、こうした巡礼の思想をヒンドゥー教の「行いのヨガ《カルマ・ヨガ》」の思想と結びつけて考える。「カルマ・ヨガ」とは、インド人にもっとも愛されている『バガバッド・ギータ』という聖典の核をなす概念である。サティシュによれば、「行いのヨガ」の思想は、行為の果実を求めることなく行為せよ、と教える。「生は終わりのない旅だ。ゴールも、目的地もない。だからこそ、自分が何かを行うときも、それがどういう結果を生みだすかにとらわれるべきではない。その行いそのものに焦点をしぼるほうがいい」

〈エレガント・シンプリシティ〉に欠かせないのが、つくる技術《アート》だとサティシュは言う。「私はこう信じている。アートというしっかりとした土台の上に、〈エレガント・シンプリシティ〉は築かれる。オートメーション、産業主義、ロボット主導システムなどとは距離をおこう。そして魂のこもった手づくりという理想をもとう」

サティシュにとって、アーティストとはつくる人のことだ。彼はこう言っている。

「アートはよき人生の一部だ。よき人生では、自分のしている仕事がまるで『天職』であるかのように感じられるだろう」。彼は指摘する。「先住民の文化ではアートは趣味でもないし、ぜいたくでもない。…それは日常生活に、そして人生に、なくてはならない要素だ」。こうして彼は協同組合のような社会のありかたを展望しているようだ。そこでは「雇われ人や消費者は、つくり人やアーティストへと姿を変える」だろう。そして彼はこう結論する。「こころをこめてつくる過程は、瞑想に通じる。仕事に打ちこんでいるその瞬間、こころは欠けることなく、そこにある」

　こうした「アーティスト＝つくる人」というサティシュの考えかたに基づいて、彼が住むデボン州のコミュニティに生みだされたのが「スモール・スクール」中等学校だった。この学校について、創設者でもある彼は人びとにこう説明したという。「私たちが教えるのはシェークスピアやダーウィン、ニュートンやガリレオだけではありません。数学、科学、英語に加えて、料理、畑仕事、家づくり、裁縫、修繕、木工、写真、音楽をも教えます」。こうしたカリキュラムをもつこの学校は、「試験勉強のための工場ではなく、自分自身を発見する場所」をめざしたのだった。

「スモール・スクール」をつくってから数年後、サティシュは「自己発見のための学校」についての深い洞察を、今度は高等教育に活かして、シューマッハー・カレッジを創設した。私はありがたいことに、そこでもう二十年も教えさせてもらっているので、この大学のことはよく知っている。シューマッハー・カレッジはユニークな教育機関だ。輪郭のはっきりした教授陣と一定数の学生集団からなる伝統的なカレッジではない。またほとんどの大学とちがって、行政やビジネス関係の個人、組織によってつくられたものでもない。シューマッハー・カレッジは、一九九〇年代に現れたグローバルな市民社会のなかから生まれ、育ったのだ。だから、はじめから、教員たちは学者や活動家の国際的なネットワークのなかから選ばれた。そしてそのネットワークとは、サティシュが「リサージェンス」誌の編集主幹として培ってきた友人たちや仲間たちの輪でもあったのだ。

　シューマッハー・カレッジが創設された一九九一年以前には、エコロジーという学問を異なる分野のさまざまな視点から、厳格に、深く学べる場所はなかった。創設後数年のあいだに、ＮＧＯ（非政府組織）の世界的な連携が生まれて、状況は大きく変わった。この新しいグローバルな市民社会は、それまで主流だった教育機関、企業組織、行政などから距離をおく学者たち、研究所、シンクタンク、学習センターのネットワークを育んだ。今日では、こうして形成されたリサーチ機関や教育機関が世界中に何十とある。シューマッハー・カレッジは、その先がけであり、今も先導的な役割を果たし続けている。

　はじめから、サティシュには、このカレッジがヨーロッパ中心の世界観に縛られることなく、もっと広く国際的な声を反映する場所であるべきだというビジョンがあった。アメリカ人やヨーロッパ人が科学、技術、哲学を議論する場は、同時に、アフリカ、インド、日本など、欧米世界以外からの声にも開かれていなければならない。

やってくる学生たちも同じように、民族的、文化的、そして知的な多様性に富んでいた。私が教えるときにも、二十四人（ひとつのコースに登録できる人数の上限）の学生の出身地が十以上の国にわたることが珍しくなかった。そしてその多くは、すでに高い教育水準をもち、さまざまな分野で専門家として活躍する人たちだった。若い学生もいれば、年配の人もいた。こうした背景の違いからくる多様な視点が、議論をより意味あるものにしてくれる。

シューマッハー・カレッジのもうひとつの重要な特徴は、そこから生まれる強いコミュニティの感覚だ。ひとつのコースへの参加者は数週間、ともに暮らし、ともに学び、またこの学びのコミュニティを維持するためにともに働く。学生たちは班に分かれて、料理、掃除、畑仕事をする。これらの仕事は、カレッジを続けていくために必要なだけでなく、「ヘッド・ハート・ハンドの教育」というサティシュのビジョンを実現するものでもある。

それぞれの班では、会話が文字どおり一日中続く。キッチンで野菜を刻みながら、人びとは話す。床にモップをかけているときも、何かのイベントのために椅子を並べかえるときも、話す。ここにいるあいだ中、だれもが、身を浸すようにしてコミュニティを、刺激に満ちた知的な会話や討論を体験する。

それらすべてが人びとの創造性に計り知れない刺激を与えることになる。シューマッハー・カレッジでは、食事から教室での思考まで、多くのことが共同のなかから生みだされる。個々の創造性が花ひらくのは、コミュニティへの全面的な信頼があるおかげなのだ。教える側にとっても、気分はまるで家族のなかにいるかのよう。それほど強いコミュニティの感覚が、ほんの一、二週間のうちに生まれるのだ。ほとんどの学者たちにとってこういう状況はきわめて魅力的だ。というのは、それが自分の仕事を深く見直すための、そして新しい考えを安心できる環境のなかで試してみるための絶好の機会となるから。というわけで、シューマッハー・カレッジは学生にとってユニークな学びの場であるだけではなく、教える者たちにとっても、それなりに長い期間にわたって、質の高い、やる気に満ちた学生たちと深くつきあい、同時に、じっくりと自己探求にいそしむことのできるまたとない場なのである。

サティシュがプログラム・ディレクターだった二、三十年のあいだ、彼はまさにシューマッハー・カレッジの精神的な柱だった。彼は学生たちとともに料理し、朝の瞑想を率いながら、授業で教え、恒例の「炉端のおしゃべり《ファイアー・サイド・チャット》」で知恵を授けてくれた。シューマッハー・カレッジはサティシュが描いていたコミュニティのビジョンを具現化するものだったといえる。そこでの学びは、マインドフルな手作業や瞑想、そして〈エレガント・シンプリシティ〉とひとつになる。

　サティシュにとって、意味のある教育とは、「分断された自己」という観念を克服し、「よき関係性」を見いだし、育むために役立つものである。彼は言う。「よいつながりという土壌があってこそ、〈エレガント・シンプリシティ〉は育つ」と。この考えかたは、現代の科学と社会が経験しつつあるパラダイム・シフトと完全に一致している。そのシフトとは、世界を機械としてみる世界観からネットワークとしてみる世界観への転換、量から質への転換、生産物から関係性への転換、である。サティシュの言葉で言えば、「エゴ」から「エコ」へのシフトだ。「もし、人生を複雑で面倒なものにしたくなかったら、『エゴ』から『エコ』へとシフトすべきだ。エゴは分離し、エコはつなげる。エゴは複雑化し、エコは簡素化する。もともとエコという言葉は、『家』、つまり、つながりが育まれる場所を意味する」

　本書の最終章で、サティシュは自分の伝えたいことをこんなふうに要約してくれている。私たちは〈土《ソイル》・魂《ソウル》・社会《ソサエティ》〉という存在の三つの領域に注目すべきだ、と。この三つは、私が言う〈エコロジー・意識・社会〉という人生の三次元に相当する。土についてサティシュはこう説明している。「『土』という言葉はメタファーとして、環境や自然のあらゆる関係性を表現する。すべては土からくる、というのはそういうことだ。森、食物、家、衣服は土から生まれる。私たちの身体は土から来て、そして土へと還る。土はいのちの源だ」

　土の価値を知ること、そして土を使ったら補充することを、サティシュは私たちに思いださせてくれる。そしてこう続ける。「土《ソイル》と同じように、魂《ソウル》を使ったら補充する必要がある。……魂のエネルギーを補充したり、疲れを癒したりする方法を見つけなければならない。……瞑想はそのうちのひとつだ。……瞑想では、内なる世界と外なる世界が出会う。ソイルとソウルがひとつになる」。そして最後に社会《ソサエティ》が登場する。「社会がしあわせであるためには、まず社会が人間の尊厳、平等、公正といった原理の上に建てられていなければならないだろう」

　サティシュの壮大なビジョンはあまりに理想主義的に見えるかもしれない。それは彼もよく承知している。それでも彼は、簡潔でありながら力強さに満ちた比喩を駆使しながら、いつもまごころを込めて語る。彼の文章を読むのは瞑想をするのに似ている。そのなかに心身を浸しながら、私は深い静けさと平和を感じることができる。サティシュに出会って以来ずっと、彼とともに過ごす時間はいつも心地よかったが、それはこのすばらしい本を読むあいだも変わらなかった。

訳者あとがき

二〇二〇年三月下旬、コロナ禍の到来とともに、友人たちと一年がかりで計画していたサティシュ・クマール来日講演ツアーを、中止しなければならなかった。四月以降の予定もすべてキャンセルされ、ちょうどそれが自分自身の現役引退という人生の節目だったこともあり、急に目の前に広がった空漠たる時間に、しばし呆然としていたものである。

一見単調で代わり映えのしない日常を淡々と生きる、というおそらくは人生で最も重要な技術《アート》を、ぼくはこの歳でもう一度、学び直す必要に迫られていたのだと思う。まずやり始めたのは、家から歩いて十分でその入り口に達することのできる自然公園の森を日々散策することだった。そんなときに、ふと、サティシュ（いつもそうするように、ファーストネームで呼ぶことにする）の“Elegant Simplicity”をもう一度、丁寧に読み直してみることを思いついた。

そしていざ読みはじめてみると、二度目とは思えないほど、すべてが新鮮で、あちこちで言葉がキラキラと光っている。それはたちまち、パンデミックの中に生きるぼくの日々の糧となった。

サティシュが語る「簡素で美しい生きかた」とは、単に経済的に質素につつましく生きる、ということではない。シンプルという言葉につきまとう禁欲的なイメージを、サティシュは、あっさりと振りはらってくれる。物質的にも、精神的にも、自分の生きかたや考えかたをシンプルで謙虚なものにすることが、逆に根源的《ラジカル》で溢れるような豊かさを、人生に、世界にもたらすことができる、とサティシュは言うのだ。

本書『エレガント・シンプリシティ』は、八十余年にわたるサティシュ・クマールの人生を貫くスピリチュアルで、エコロジカルな思想の全幅を収めた集大成というにふさわしい本である。「シンプルであること」は著者の生涯にわたる生き方の基調だ。長年にわたる多彩な活動を支え、またその中で育まれ、発酵し続けてきた彼の哲学が、ここに、明快でコンパクトに（そして、シンプルに）まとめられている。

ぼくにとって、サティシュの本を読むことが、他の本を読むのと決定的に違うのは、彼の声が聞こえてくることである。もちろん、それはぼくがこれまでに何度も彼の講義やインタビューの通訳を務めてきたことにもよるが、理由はそれだけではないだろう。

聞くものの目と耳とを楽しませるリズミカルなサティシュの英語が、しかし、彼にとって母語ではないということを、聴衆や読者は忘れがちだ。元々、九歳から十八歳までインド各地の村々を托鉢して歩く乞食僧として過ごした彼は、フォーマルな学校教育をほとんど受けたことがない。英語は、三十歳でイギリスに定住してから身につけたものだ。

文字文化ではなく、口承文化の中に生まれ育ったサティシュが、その後、世界的なエコロジー雑誌「リサージェンス」の編集主幹に就任、半世紀にわたって同誌を率い、「ホリスティック科学」の世界的なハブとなる大学院大学「シューマッハー・カレッジ」を創り、育んできたのは、驚くべきことに違いない。でもその一方で、彼がいまだに文字を介さないコミュニケーションの豊かな文化を体現し続けていることも、同じくらい驚くべきことだとぼくには思える。

語るとき、また相手の話に聞き入るときのサティシュが発する不思議なパワーに多くの人々が魅了されてきた。彼は、講義でもスピーチでも対話でも、ノートを見ながら話すことはない。事前に何かを書き留めることもしない。そのように、世界中の無数の場所で、即興詩のようにその場で紡ぎ出されてきたのと同じ彼の言葉が、この本を形づくっている。難解なはずの理論も、彼の語りのうちでは、いつも優しさと微笑みに包まれている。

もちろん、本書の読者であるあなたは、文字を介して——しかも英語ではなく、その日本語訳で——サティシュの言葉を受けとるわけだ。それはそうだとしても、あなたにはきっと、あなたに語りかける彼の肉声が聞こえるような気がするのではないだろうか。いや、そうであってほしいという願いとともにぼくは本書を訳した。

今ぼくたちは「人新世」という言葉に表される、人類そのものの存続が問われるようなかつてない危機の時代に生きている。コロナ禍は、そのひとつの兆候にすぎないのだろう。悲観や絶望や冷笑的な態度が広がるそんな時代に、サティシュの思想が、いよいよ輝きを放つことになると、ぼくは確信している。

本書の中で、彼はこう言っている。

「あなたは私のことを現実離れした理想主義者と呼ぶかもしれない。そのとおり、私は理想主義者だ。ただ、あなたにたずねたい。『では現実主義者たちは何を実現しただろう。戦争、貧困、気候変動？』」。そして、世界を危機の時代へと導いてきた「現実主義」に代わって、いよいよ私たち理想主義者の出番が来た、と彼は言う。

サティシュがここで皮肉をこめて「現実主義」と呼ぶのは、これまで政治、経済、教育を支配してきた、自然と人間の本性《ネイチャー》についての暗く悲観的な考えかたのことだ。西洋近代文明の中で育まれ、世界中に浸透した、〝利己的、貪欲、競争的、狡猾、暴力的〟といった人間像を、ぼくたちもまたいつの間にか自分の中に住まわせてきたようなのだ。

そんな風潮に対して、サティシュは常に理想主義と楽観論と性善説の旗を高々と掲げてきた。彼によれば、自然と人間の本性《ネイチャー》は愛なのである。「原罪」などない、あるのは「原愛」だけだ。そして、「自己愛、隣人愛、人間愛、そして自然への愛は、切れ目なく連なっている」と言う。

　これまで支配的だった「現実主義」や、それを支えてきた科学技術は、人と人、人と自然、そして自然界のすべてのものがバラバラに存在するという「分離《セパレーション》」の物語に基づいていた。だがサティシュによれば、実は、すべての存在がみな相互に依存しあっていて、われわれ人間もまたお互い同士からできている〈あいだ存在《インター・ビーイング》〉なのである。

　分離と分断の時代から、「あいだ」とつながりの時代へ。読者であるあなたが、この大転換の意味に気づく知恵と、その転換を自らに引き受ける勇気とを、サティシュの言葉のうちに見出されんことを。

二〇二一年秋

辻　信一

付記：翻訳にあたり、著者の了承を得て、原書を一部再編集させていただいたことをお断りしておきたい。

○著 者

サティシュ・クマール (Satish Kumar)

1936年生まれ。思想家。エコロジスト。平和運動活動家。1973年から2016年まで英国「リサージェンス」誌編集主幹を務める。子どものための「スモール・スクール」、おとなのための「シューマッハー・カレッジ」を創設し、学問の知識を詰めこむだけでなく、生きるための知識（料理、裁縫、畑づくり、木工など）も学ぶ場所を提供してきた。「シューマッハー・カレッジ」は、世界中から人びとが集いホリスティックな世界観を学ぶ知的拠点となっている。英国デボン州在住。おもな著書に『君あり、故に我あり』（講談社学術文庫）、『サティシュ・クマールのゆっくり問答with辻信一』（ゆっくり小文庫）など。

○訳 者

辻 信一 （つじ しんいち）

文化人類学者。環境活動家。明治学院大学名誉教授。ナマケモノ倶楽部世話人。著書に『スロー・イズ・ビューティフル』（平凡社ライブラリー）、『「ゆっくり」でいいんだよ』（ちくまプリマー新書）、『ハチドリのひとしずく』（光文社）、高橋源一郎氏との共著に『弱さの思想』『「雑」の思想』『「あいだ」の思想』（３冊とも大月書店）など。映像作品に『サティシュの学校』（SOKEIパブリッシング）など、DVDブックシリーズ（現在９巻）がある。

ブックデザイン　福田和雄（FUKUDA DESIGN）
カバー装画　浅妻健司
本文組版　佐藤裕久
校正　円水社

エレガント・シンプリシティ
「簡素」に美しく生きる

2021年11月30日　第１刷発行
2022年４月20日　第２刷発行

著　者　サティシュ・クマール
訳　者　辻 信一

発行者　土井成紀
発行所　NHK出版
〒150-8081　東京都渋谷区宇田川町41－1
電話　0570-009-321（問い合わせ）
0570-000-321（注文）
ホームページ　https://www.nhk-book.co.jp
振替　00110-1-49701

印　刷　亨有堂印刷所／大熊整美堂
製　本　ブックアート

ISBN978-4-14-081883-1 C0098